二十一世纪出版社集团
21st Century Publishing Group

国家出版基金项目
NATIONAL PUBLICATION FOUNDATION

北斗星缘

王建蒙◎著

“共和国勋章”获得者
孙家栋的故事

二十一世纪出版社集团
21st Century Publishing Group

图书在版编目（CIP）数据

科学追梦人：北斗星缘 / 王建蒙著 .— 南昌：二十一世纪出版社集团, 2020.5（2020.12 重印）

ISBN 978-7-5568-4537-8

Ⅰ. ①科… Ⅱ. ①王… Ⅲ. ①孙家栋–生平事迹–青少年读物②卫星导航–全球定位系统–青少年读物 Ⅳ. ①K826.16-49②P228.4-49

中国版本图书馆CIP数据核字(2019)第268760号

KEXUE ZHUIMENGREN XILIE BEIDOU XINGYUAN

科学追梦人系列：北斗星缘　　王建蒙 / 著

出 版 人	刘凯军
策　　划	刘凯军　杨　华
责任编辑	杨　华
特约编辑	梅　竹
装帧设计	赵　倩
出版发行	二十一世纪出版社集团（江西省南昌市子安路75号　330025） www.21cccc.com　cc21@163.net
经　　销	全国各地书店
印　　刷	江西宏达彩印有限公司
版　　次	2020年5月第1版
印　　次	2020年12月第8次印刷
印　　数	57001~62000
开　　本	889mm × 1360mm　1/32
印　　张	4.875
字　　数	72千字
书　　号	ISBN 978-7-5568-4537-8
定　　价	25.00元

赣版权登字–04–2019–347

目录

1 第一章 是金子总会发光的

01

辗转求学

1929年4月，孙家栋出生于辽宁省盖县（今盖州市）。他的父亲在辽宁省盖县盖平师范学校当校长，孙家栋在盖县度过了三年幼儿时光。

1932年，因为父亲调到哈尔滨工作，他们举家迁往哈尔滨。7岁时，孙家栋在他家附近的建设小学报名上学了，之后又转入学习环境和教学条件更好一些的六年制教会小学。1939年，由于父亲工作调动，他们全家又随迁到营口市，孙家栋便转入当地的同德学校，在那里完成了小学学业。

1942年6月，13岁的孙家栋以优异的成绩考入哈尔滨第一高等学校土木系。当时孙家栋一门心思想学好本事，以实现建高楼、修大桥的愿望。但日本侵华战争爆发，城里战乱，学校停课，父母回老家去了。孙家栋也无书可读，只好踏上了回老家的路。

到家后孙家栋才知道，父亲已经离开老家去了沈阳，在朋友介绍的沈阳的一所学校任教。数日后，孙家栋前往沈阳，找到父亲任教的学校，得知父亲又到了海城师范学校谋职。几经辗转找到父亲后，孙家栋便急切地提出想继续求学的愿望。1946年9月，孙家栋终于进入锦州大学先修班（预科），他需要在那里补习两年课程。

1947年冬天，国民党军队兵败如山倒，锦州大学先修班也停课了。孙家栋听到哈尔滨工业大学要招生的消息，抱着撞撞运气的想法，前去打探。

1948年9月，19岁的孙家栋幸运地考入哈尔滨工业大学预科学习俄语。适逢哈工大增设汽车专业，造汽车似乎比修大桥更有意思，孙家栋便转入了汽车系。

哈工大老师用俄语授课，预科主要是学习俄语，要想听得懂学校开设的各门课程，精通俄语是必须的。对孙家栋来说既是一次机遇，也是一次挑战。

俄语繁杂的语法、多样的变格、饶舌的发音，尤其是让舌头打嘟噜的小舌音，让初学者发怵。俄罗斯人的名字也是“九曲十八弯”，绕了自己的名和姓不说，还要把祖上那长长的名再绕进去，难读难记。然而，孙家栋对学习渴望已久，他抓紧一切时间学习，在很短的时间里就理出了头绪，进入了良好的学习状态。

在此阶段，孙家栋系统地学到了不少知识。聪明在于学习，天才源自积累，这阶段掌握的知识为他日后的工作奠定了基础，使他终身受益。

02

火速入伍

1950年农历正月十五，孙家栋在学校吃过午饭，准备去姐姐家过元宵节，他从饭堂匆匆地回到宿舍，收拾要带去姐姐家的东西。

这时候，一位同学兴冲冲地推开宿舍门，说："家栋，今晚你别去姐姐家了，你不是好那口红烧肉吗！饭堂刚才说今天晚饭加餐，有红烧肉，怎么样？有没有诱惑力？"

"真的？"在食品匮乏的年代，喜好红烧肉的孙家栋抵挡不住诱惑，抿了抿嘴，禁不住咽了下口水："这我可不能错过，饭堂下回再吃红烧肉，还不知道要等到猴年马月了。就这么定了，等吃完红烧肉我再去姐姐家。"

当时的孙家栋并不知道，他这顿吃红烧肉的决定，竟改变了他一生的命运。那天傍晚，当孙家栋和同学们正聚集在食堂里享用着香气扑鼻的红烧肉时，学校的主管人员和几名身穿军服的人来到了食堂。

“各位同学，大家把饭碗都先放一下。现在，我要宣布一个与大家都有直接关系的通知。”学校主管踩上凳子继续说，“大家都知道，不久前，中华人民共和国成立了中国人民解放军空军。上级领导决定，从你们这批学生中选拔飞行员和工程技术人员去充实队伍。有志愿参加空军部队的，饭后到我这里报名，接受审查和挑选。这里要强调一条，因为任务比较急，大家现在报名，我们立即研究批准，被选中的同学今晚就出发！”

在同学们的唏嘘声和掌声中，孙家栋默默地放下手中的筷子，他激动不已。他不由自主地想到，几个月前毛主席在北京天安门城楼上向全世界宣告中华人民共和国成立时的动人情景，想起中国人民解放军伴随着嘹亮的军歌，迈着雄壮的步伐，在天安门广场接受检阅时的飒爽军姿。在人生抉择的这一关口，孙家栋没有犹豫：我要参军，我要做一名军人，我要驾驶祖国的战机驰骋蓝天，我要接受共和国和毛主席的检阅！

想到这儿，孙家栋走上前去，毅然填报了入伍申请登记表。短短几小时后，孙家栋便得到了被录取的通知。于是，孙家栋来不及去姐姐家告别，当天晚上便怀着对祖国、对未来的无限憧憬，登上了前往中国人民解放军空军第四航空学校的列车。

1950年3月3日，孙家栋由一名踌躇满志的学生，正式成为一名中国人民解放军。当时的空军第四航空学校设在沈阳，由苏联专家授课。由于学校急需俄语翻译，孙家栋优秀的俄文立刻派上了用场。报到后，学校老师分配孙家栋给苏联航空教官做授课翻译。

22岁的孙家栋初到工作岗位，渴望尽可能多地学习科学技术。孙家栋想：共和国百废待兴，我们这些年轻人不能停滞不前。

03

三读预科

年轻的中华人民共和国发展工业，发展科学技术，各行各业都奇缺人才。为了解决这个问题，国家制定了长远的人才培养计划，军队也着手选派优秀人员前往苏联深造。

1951年7月，经过多轮考核与选拔审批，孙家栋以优异的业绩获得了前往北京进行最后一轮面试的机会。那时，全军选送了300多名优秀军人参加考核，最终只能有30人被选送到苏联茹柯夫斯基空军工程学院读书。孙家栋不负众望，通过重重考核，获得了去苏联飞机设计专业学习的机会。这是中华人民共和国成立后第一批公派留学人员。他情不自禁地在心中呐喊：“去苏联！去深造！”

当时，国家对年轻的专业技术人才极其重视。在那个物资匮乏的年代，空军特地选择了质地最好的衣料为他们定做了笔挺、合体的军装。一米八高的孙家栋本就魁梧，穿上新军装之后，更是显得英俊潇洒。

1951年的秋天，满山的枫叶浓郁正红，孙家栋怀着满腹理想和拳拳报国之心，坐上了前往莫斯科的火车。七天七夜的路途中，一行人一边欣赏沿途的景色与风光，一边憧憬着神秘的莫斯科。孙家栋的心早已经飞到了遐想中的茹科夫斯基空军工程学院，飞到了那座科学殿堂！

1958年4月孙家栋（最上排中）与中国的22位同学在苏联茹科夫斯基空军工程学院

在学院入学以后要过三关：第一关是学习关，第二关是生活关，第三关是身体关。为了日后学业的顺利进行，根据校方对中国留学生的语言训练和基础知识学习要求，这批中国学生还要读一年的预科。按数理化水平，学校将他们分成了三个班，孙家栋的文化基础比较扎实，被编入高班。学校抽调了最好的教师，为他们讲授数学、化学、物理和俄文。于是，孙家栋在这里又开始了求学路上的第三次预科。

整整一年的预科，他和同学们系统地完成了基础理论的学习。茹柯夫斯基空军工程学院是军校，大家过着纪律严格的军队生活，学校共青团组织还专门指定苏联学生帮助中国同学，孙家栋体会到了苏联同学的淳朴和热情。经过一段时间的磨合，孙家栋不仅熟悉了周围的情况，而且很快与当地同学打成了一片。

1952年9月，孙家栋和其他中国同学正式升入本科。国家的关怀、部队的重托、学院良好的学习条件，都激励着孙家栋刻苦学习。学校开设的课程种类繁多，苏联对军事院校的政治教育也抓得很紧，如果政治考试不及格，就会被戴上“政治不合格”的帽子。孙家栋虽然对政治课也发怵，但通过努力，他仍然拿到了政治课满分的好成绩。

04

留学岁月

学习上，孙家栋总是不断地给自己加码，白天上课，晚上都在做练习，伴随他学习的灯光总是亮到凌晨一两点。在一次三年级的航空发动机理论考试中，孙家栋显露了一次他的“真功夫”。考场上，主考官采取逐个面试的方法，轮到孙家栋时，恰好主考官拿错了考卷，将三年级学生尚未学过的问题提给了孙家栋，他虽然愣了一下，但很快沉稳地引经据典，做出了正确回答。正当陪考官们惊诧不解时，主考官也突然醒悟到自己拿错了考卷。不过，他更惊讶于孙家栋怎么对没学过的课程也能对答如流。因为这件事，主考官和众多陪考官纷纷向孙家栋投去赞赏的目光，对他留下了极佳的印象。

如今孙家栋回忆起当年的学生生活，仍然饶有兴致。军校虽然每天很正规，列队活动、整齐划一，但他也有“偷懒”的时候——晚上啃书来了劲儿难免搞得很晚，早上赖床睁眼一看

孙家栋苏联留学时使用的牛皮文件包

时间，坏了！上课时间到了，一边提裤子，一边系扣子，一边用五股钢叉当梳子把凌乱的头发捋顺，三步并两步地飞奔到餐厅。当时，学院的学员就餐分为军官餐厅和士兵餐厅，孙家栋是军官学员，可以享用军官的自助早餐。军官餐厅食品丰盛但也有很严格的规定，比如，面包可以随意吃，黄油、果酱可以随便抹，但绝对不可以浪费；牛奶可以随便喝，但只能在餐厅喝，不可带出餐厅。由于时间紧张，孙家栋常常端起一杯牛奶一口气灌入，抓起两片面包，根本没有品尝的工夫，一边大口吞咽，一边疾步地爬楼梯，从一楼飞速蹿到九楼，正好面包下肚。也许是这短暂时间里的剧烈运动使孙家栋大脑清醒，他浑身来了精神，又精神饱满地开始了新一天的知识吸收。

为了保持旺盛的精力和强壮的体魄，夏天，在运动场或器械旁总能看到孙家栋；冬天，滑冰场、滑雪场也少不了他的身影。严冬季节，学院附近的森林白雪皑皑，平地滑雪是非常耗费体力的运动，有人偷懒不按规定路线，抄近道回到目的地。但孙家栋从来都是按照规定不折不扣地完成。他的坚韧不拔、严于律己，显现出过人的毅力与自控力。

1956年2月的一天，对孙家栋和中国班的学员来说，是一个值得纪念的日子。这一天，他们奉命从学校来到中国驻苏联大使馆礼堂。主席台正中央坐着中国人民解放军总司令朱德元帅，聂荣臻元帅亲自为这批中国留苏军官学生颁发领章和肩章。孙家栋在中国人民解放军首次实行军衔制时，被授予中尉军衔。

1956年8月6日，孙家栋在各方面严格要求自己，成绩优异，政治上进，军体优秀，留学生支部批准他光荣地加入中国共产党。

1957年11月17日，正在莫斯科参加十月革命胜利40周年庆祝活动的毛泽东主席要与中国在苏联的留学生会面。孙家栋一行人乘坐地铁，几经辗转，来到莫斯科大学的礼堂，被安排在主席台正前方的位置。他聆听了毛主席的著名演讲，毛主席说：“世界是你们的，也是我们的，但归根结底是你们的。你们青年人朝气蓬勃，正在兴旺时期，好像早晨八九点钟的太阳。希望寄托在你们身上。”毛主席在讲话中，旁征博引，纵论天下，还说出了“世界上怕就怕‘认真’二字，共产党就最讲认真”的名言。

毛主席的这些话，不仅鼓舞着孙家栋这些留学生，还一直深深地激励着一代中国人。

05

金质奖章

苏联茹柯夫斯基空军工程学院是苏联武装力量培养空军各类航空专业工程师的高等军事学府，也是研究航空技术装备及其技术维护与战斗使用方面的科研中心，学院培养了大批优秀专业人才。孙家栋十分珍惜在这里深造的机会，他不仅学习成

孙家栋在实验室做实验

绩名列前茅，在体育运动和社会活动方面也很出色，在学院中小有名气。孙家栋的同窗刘从军曾回忆说：“孙家栋自进入茹柯夫斯基空军工程学院读预科开始，到本科毕业，他的各科考试成绩从来没有得过4分，各科门门是5分[①]，年年如此。”

茹柯夫斯基空军工程学院有一个激励学生上进的传统做法，就是把每年年终考试获得全优的学生照片放入“光荣榜”，如果这个学生年年都能保持全优，他的照片便会一年往上挪一次，并且照片一年比一年大。毕业时，最上面的人将会获得一枚纯金的“斯大林奖章”。这枚奖章对所有学生来说是梦寐以求的，因为毕业时如果能获得这枚奖章，不仅可以比普通学生的军衔高一级，而且可以优先选择满意的工作。孙家栋的大照片就出现在学院一进门最显眼的“光荣榜”上。

1958年3月10日，孙家栋因留学苏联期间的优异成绩，荣获了苏联最高苏维埃颁发的“斯大林奖章”。在那一年，全苏联军队院校毕业的学员中只有13名学生获得了“斯大林奖章”，

① 5分为满分。

孙家栋获得的“斯大林金质奖章”

中国留学生能够得到“斯大林奖章”，付出的努力与艰辛不言而喻。

1958年4月，孙家栋与22名同窗战友结束了在苏联长达7年的寒窗苦读，怀揣着满心梦想，带着见证自己优秀学业的金质奖章，迈着坚定的步伐，登上了归国的列车。

第二章 壮志青年梦圆航天

01

结缘导弹

“时势造英雄，英雄造时势。”这是孙家栋经常挂在嘴上的一句话。孙家栋等留学生回国前夕，新组建的国防部第五研究院急需技术人才，孙家栋的名字被选进了名单。国家需要搞导弹，学了7年飞机发动机专业的孙家栋开始了导弹研究。

1958年4月20日，孙家栋拿着一纸调令来到国防部五院一分院导弹总体设计部。此时，中国的高层领导正在积极规划中国导弹武器的发展。

20世纪50年代的中国，经济和科技都比较落后，在一无设备、二无资料的条件下，发展导弹事业可以说是白手起家，难上加难。中华人民共和国的领导人从国家的最高利益出发，高瞻远瞩地制定了一系列战略方针，把导弹武器的研制列为国家的重点工程，缺资金给资金，缺人才立即调配。

在创业之初的短短几年，国内知名的技术专家云集于此，国家还调集了数以千计的大、中专毕业生，充实到科研生产的第一线。

那时候，研制导弹的单位对外必须严格保密。孙家栋回忆当年国防部五院对保密工作要求的情景时说："我们的单位对外称0038部队，入伍的人不能泄漏任何有关单位性质和驻地的情况。见到过去的同学朋友，他们肯定都要问你到哪儿去了，我就编。有时候再见到那个同学，自己也忘了上次编的话，就又编一个，人家就感觉你这人很奇怪。有的同志写信时不小心把自己的工作说出去了，就受处分了。还有的同志出去谈女朋友，一谈起自己是做什么工作的就吞吞吐吐，把女方弄得莫名其妙，最后都'吹'了。每人都有个保密包，再给发个保密本，领包的时候要签字。下班后只要离开办公楼，文件包连同所有文件都要交到24小时值班的保密室，第二天上班的时候，办个签字手续，才能把包领出来。保密包的封口有两根细绳，交到保密室时，要用橡皮泥把两根绳按上，按上后你自己盖个戳。

第二天领包时还得看一下，昨天盖的那个戳有没有人动过，没人动过，再领出来。”

孙家栋的导弹研制生涯就在这样的环境下开始了。

02

良师益友

孙家栋经常说：“我从苏联回来搞导弹，得益于当时许多开创我国导弹事业的师长。他们对中国导弹事业的执着追求、精益求精的工作作风和决不放弃的攻关精神，不仅给了我们很大的帮助，而且也为我们树立了很好的榜样。钱学森就是我尊敬的领导和良师益友。”

2004 年 12 月 10 日孙家栋看望钱学森（左）

孙家栋在苏联学习时就曾听说过钱学森的名字，当时钱学森在国际上已经是这个领域的知名科学家了，孙家栋没想到回国这么短的时间就能够在钱学森的身边工作。孙家栋心中暗想：这可是个好机会，有这样的老师在身边，遇到不明白的问题一定要及时请教。

孙家栋回忆，1958年从苏联留学回国跟着钱学森搞火箭、搞导弹，真是又高兴又担心。高兴的是，能在中华人民共和国刚刚创立的国防尖端科技部门工作，可以为国家干一番事业；担心的是，自己学的是航空专业，导弹是什么样子，怎么设计，怎么制造，心里一点儿底都没有。当时周围的同志，有学力学的、数学的、化学的、纺织的、文史的，就是没有学导弹专业的，孙家栋所学的航空理论还算与导弹专业比较近的专业。很多人和孙家栋的情况类似，并不是导弹专业出身，钱学森便编制课程大纲，亲自讲授导弹概论，并请庄逢甘教授讲空气动力学，梁守槃教授讲火箭发动机，朱正教授讲飞行器制导。

孙家栋认为，中国航天之所以能取得比别的行业更突出的成绩，很重要的一点就是有钱学森这样的技术权威抓科研、抓试验。钱学森以他的远见卓识，提出了正确的技术路径，带领大家走出了一条“多快好省”的发展之路。孙家栋参加了钱学森主持制定导弹火箭发展的12年规划和制定“八年四弹”规划等工作，这些规划的实施，使中国的导弹火箭研制生产一步跨越了几个台阶。中国空间技术研究院建立后，孙家栋又参与了钱学森主持制定的“三星规划”(“东方红一号”卫星、返回式

1956 年毛主席与钱学森亲切交谈

卫星和同步轨道通信卫星）工作，这些规划为中国空间技术的发展奠定了基础。

孙家栋说：“钱学森在中国航天技术发展上起到了别人无可替代的作用，但他却非常谦虚，每当讲到成绩，他从来都是把周恩来总理、聂荣臻元帅等党和国家领导人的具体指导放到前面，把广大科研人员的辛勤创造放到前面，总是说自己只是在其中做了点具体工作。钱学森高尚的品德和人格魅力，无时无刻不影响着我们。”

20世纪60年代后期，一种新型导弹即将运往发射基地，按惯例，产品出厂前要先进行逐个装配、测试。其中，惯性制导系统平台上的4个陀螺要精确地装好后再拆开，包装好运往发射基地。由于时间紧，车间师傅对孙家栋说，4个陀螺是同一批次生产的，第一个能装上，其他3个应该没问题，是不是可以不用装了？孙家栋觉得师傅说的有一定道理，便同意了。可万万没想到，陀螺在发射场装配时却出现了问题，陀螺怎么摆弄就是装不上。钱学森听了汇报后并没有批评孙家栋，而是建议对陀螺结合部仔细研磨后再试装。发射现场的加工条件本来就简陋，再加上精密部件的研磨很费时间，钱学森来到现场也不说话，就那样背着手走来走去。孙家栋和工人师傅从下午1点一直干到第二天凌晨4点才装好，钱学森就在现场一直陪着，大家几次劝他回去休息，他就是不走。钱学森虽然没有说任何批评的话，但此时无声胜有声，让人感到比批评更加严厉。从此，大家牢记这次的教训，遇事再也不敢有丝毫的马虎。

后来，孙家栋把这种严格要求的作风带到了空间技术研究院。有人说孙家栋太严厉了，孙家栋便解释这是钱学森为我们树立的好作风。

2009年3月5日，孙家栋收到一封令他兴奋的贺信，那是钱学森祝贺孙家栋80岁生日的亲笔签名信：

孙家栋院士：

您是我当年十分欣赏的一位年轻人，听说您今年都80大寿了，我要向您表示衷心的祝贺！

您是在中国航天事业发展历程中成长起来的优秀科学家，也是中国航天事业的见证人。从第一颗人造地球卫星首战告捷，到绕月探测工程的圆满成功，您几十年来为中国航天的发展做出了突出贡献，中华人民共和国不会忘记，人民不会忘记。我为您取得的成就感到骄傲。

希望您今后要保重身体，健康生活，做一名百岁航天老人。

谨祝生日快乐！夫人面前代致问候！

钱学森

二〇〇九年三月三日

孙家栋一遍又一遍地读着贺信，内心颇为感动。几十年过去了，孙家栋依然忘不了钱学森在那个年代带领大家艰苦创业的日日夜夜。

03

一飞冲天

自1958年4月20日孙家栋来到国防部五院一分院总体设计部从事导弹研制，已经过去了整整9年。其间，我国导弹事业从无到有，发生了翻天覆地的变化。中国的导弹武器不仅自主研制成功，而且还成功地进行了导弹、原子弹“两弹结合”的飞行试验。中国成功研制导弹核武器成为轰动世界的重大事件，大大提高了中国的国际地位。孙家栋参加了导弹研制工作，并且由导弹总体设计员、总体组长、总体设计室主任一直升任为总体部副主任。

中国最初的导弹研制是从苏联送给中国的两枚P–2型近程导弹仿制开始的。孙家栋初到导弹总体设计部，在负责人屠守锷的带领下，立即开始P–2导弹仿制和改型设计。一帮年轻的科技人员加班加点，以最快的速度完成了仿制与研究设计的艰巨任务。为了尽早攻克导弹难关，孙家栋日夜不停地趴在像小山一样高的资料堆上翻译资料，翻译出来进行系统归类后，再对总体指标和技术数据反复验算，开展反设计，把导弹技术吃透，力争尽快掌握导弹设计思路，为以后的自行研制积累经验。然而，1959年7月16日，苏联突然通知我国，决定撤回在中国工作的全部专家。这一单方面决定使我国的尖端武器研制蒙受了巨大损失。多年后，孙家栋回忆此事，说："研制导弹这么大的事，搞到半截，什么也不说，拍拍屁股就要走人，实在是不可理解！这对我们工作造成的影响实在是太大了！不过，苏联撤走专家，反倒激起了我们内心的干劲，决心用自己的力量把导弹事业干了起来。"

1960年8月，孙家栋被任命为导弹型号总体设计室主任，随"东风一号"导弹试验队赴酒泉发射基地参加发射任务。11月5日，中国第一枚仿制近程地地导弹发射获得了圆满成功。中国从此拥有了自己制造的导弹，这也填补了尖端武器的空白。

1962年3月21日，我国自行设计研制的第一枚中近程导弹首次点火发射，不幸的是，由于控制系统失稳，导弹刚刚离开地面就在附近坠毁。在一片火海中，孙家栋与他的团队立即投入到故障查找、分析中。他们从总体设计方案入手，抽丝剥茧地对各个分系统的技术状态及可靠性进行分析，根据故障现象反复进行模拟验证试验，很快确定了导致导弹发射失败的原因。失败原因找到了，但改进设计的办法又成为他们面临的难题，尤其是导弹飞行产生的弹性振动对控制系统的影响，需要在许多方面进行试验验证并加以改进。他们认真修改、设计，先后进行了17项大型地面试验。

1964年6月29日，经过孙家栋团队修改设计后的导弹在酒泉导弹发射台点火起飞，飞行试验获得圆满成功。也在此时，孙家栋被任命为中国第一枚自行设计的中程导弹的总体主任设计师，挑起了导弹总体设计室主任的重担。之后，他又升任为导弹总体设计部副主任。

1965年2月，中央专委决定对中近程地地导弹进行改进，以增大射程。孙家栋领导的总体设计部与有关分系统设计单位用了半年多时间，完成了改型设计，减轻了全弹的结构重量，增加了氧化剂自动补加装置，将惯性和无线电混合的制导体制改为全惯性制导体制等，使导弹的射程增加了20%，战术技术性能也有所改善。

1966年10月27日，中国用改装的中近程地地导弹运载着真正的核弹头拔地而起，核导弹在轰鸣中飞行，直指苍穹。指挥人员根据仪器显示的数据不断地报出令人兴奋的“导弹飞行正常”。9分14秒后，新疆荒漠的罗布泊地区传来了“在预定高度实现核爆炸，核弹头精确命中目标”的报告。这一刻，发射场沸腾了，人们拥抱、跳跃，欢声雷动。“两弹结合”飞行试验成功的当天下午，《人民日报》发出了红色号外，向全世界宣布：中国成功试验了导弹核武器！

04

转战卫星

1967年7月29日，炎热的盛夏，孙家栋正伏案审核导弹设计图纸。一位身穿军服的参谋来到孙家栋面前，简明扼要地说:“我是国防科委的汪永肃参谋，中央确定组建空间技术研究院，钱学森担任院长。由钱学森院长点将，聂荣臻元帅亲自批准，让你负责我国第一颗人造地球卫星的总体设计工作。”说完，他便请孙家栋上车，径直来到位于北京西北部刚组建的空间技术研究院临时办公地点。随后，有关领导向孙家栋详细地说明了组建卫星总体技术部的意图。

已是国防部五院一分院导弹总体设计部副主任的孙家栋，再一次放弃了自己已经熟悉并建树颇丰的领域，肩负起卫星研制的重任。

当时正是动荡时期，行政机构已基本被“砸烂”，如何组建卫星总体设计队伍的棘手问题，摆在了孙家栋面前。

孙家栋向钱学森提出建议，由一分院推荐几名搞总体技术的人员充实到原来科学院人员的班底。

孙家栋深知当时的局面，挑选人员是一件敏感而复杂的事情，但他认为被选中的人只要条件够格、技术能力优越，就不去管他是什么身份。这次的人才挑选，要从个人角度出发，抛开利益和顾虑，不在乎别人说三道四，立足于完成卫星研制任务这个出发点。

经过几天的缜密考察和挑选，孙家栋从不同的专业角度与技术特长出发，最后选定了戚发轫、沈振金、韦德森等18人，人员组成很快得到钱学森和聂荣臻元帅的批准。这18人便是中国卫星发展史上有名的“十八勇士”，他们中的大部分人成为中国空间技术研究领域的开创者。

孙家栋作为卫星技术总负责人的上任伊始，即主持了第一颗卫星总体和分系统技术方案的编制工作，以实现工程目标为出发点，重新制定了“东方红一号”卫星的总体技术方案和研制任务书。孙家栋根据上级提出的“上得去、抓得住、听得清、看得见”的总体目标，面对大量没有论证清楚的问题，逐一落实解决方案。

孙家栋带领大家重新制定了“东方红一号”卫星的总体技术方案，最后确定卫星由结构、热控、电源、短波遥测、跟踪、无线电、《东方红》乐音装置以及姿态测量部件组成，总质量173千克，直径1米，外形为近似圆球的72面体，采用自旋稳定方式在太空运行。当最终方案需要有人定夺时，孙家栋找到时任国防科委副主任的刘华清同志，直率而恳切地说，“你懂也得管，不懂也得管。你们定了，拍个板，我们就可以往前走。”

在特殊环境下，为了国家利益，孙家栋抛掉许多个人顾虑，敢于担风险，一心保证让中国的人造卫星按计划发射成功。他的无私无畏得到了领导的支持，使卫星总体技术指标能够及时确定，卫星研制计划能够得以顺利进行。

在第一次模拟卫星自旋天线展开释放试验中，“东方红一号”卫星出现了最后一节天线被折断后甩出去的问题，试验没有成功。2次、3次、4次……一直做了10次仍然没有成功。经过反复思考，孙家栋提出，天线释放和展开的运动形式是个复杂的运动合成，在地面做试验时要考虑重力的影响。天线组的人员进一步分析、试验后认识到，目前天线结构的设计不尽合理，与卫星自旋时旋转和离心力使天线展开和释放的实际运动不一致。孙家栋统一了大家的意见后，组织修改了天线结构设计，重新进行了几次试验，均获成功。这个技术难关终于被攻克了。

卫星的热控系统也是一个关键环节，需要用热真空模拟试验来检验设计的合理性。但当时国内还没有大型模拟器，如何进行这项试验是亟待解决的一个难题。这时，热控系统技术负责人闵桂荣提出用轨道周期积分平均热流代替交变热流，来确定卫星内部仪器温度的平均值。由此，研制人员采用远红外电加热笼的模拟方法，成功地攻克了这个技术难关。

1970年4月24日，“东方红一号”卫星在一声巨响中成功发射，中国成为世界上第五个发射人造卫星的国家。

回忆起这段历史，孙家栋动情地说：“在当时那种技术条件、物质生活和工作环境下，用那么短的时间做成这样一件大

“东方红一号”卫星

事，是同舟共济、无私奉献的航天精神起了关键性的作用。”

卫星发射成功后，国防科委推荐了以钱学森为首的17位功臣到天安门城楼上与毛泽东主席、周恩来总理等国家领导人共同欢度国际劳动节，但其中却没有技术总负责人孙家栋。几十年后，当有记者采访他谈到这件事情时，孙家栋心态很平静地说：“能有机会上天安门，并且能见到毛主席和那么多中央领导，是一件非常荣耀的事。但坦率地讲，那时候追求个人荣誉的念头似乎不是那么强烈，所以没有那么大的失落感。”

05

敢于直言

“东方红一号”人造卫星的研制与发射，是中国向太空进军的第一步，无论在国内还是在国际都具有非常大的政治影响。卫星研制进程，同样牵动着周恩来总理的心，周总理和中央专委领导在百忙之中多次听取了卫星研制工作的汇报。

1969年10月下旬的一天晚上，孙家栋作为卫星总体技术总负责人与钱学森一同来到人民大会堂江苏厅，孙家栋的心情很激动。他们在会议室刚把卫星初样摆放好，周恩来、李先念、余秋里等中央领导和参加会议的有关部委负责人就先后来到了会议大厅。

当孙家栋近距离看到周总理时，他的鼻子有些发酸。周总理日理万机，眼睛布满血丝，清瘦的脸庞上挂着疲惫，与几年前所见到的样子相比消瘦、苍老了许多。

孙家栋想起1962年周恩来总理在人民大会堂宴请招待科学

技术界知识分子时的情景。当时正值自然灾害的困难时期，宴会特意上了一道红烧肉款待知识分子，一寸见方的肉块人人有份。孙家栋已经许久都没有享受这样的口福了。要知道，在那个饥荒年代，毛泽东，拒绝吃肉；周恩来，停掉了茶；邓小平，戒掉了烟……

周恩来总理来到会议桌旁，钱学森首先将孙家栋介绍给了周总理。周总理亲切地拉着孙家栋的手，向他询问了一些简单情况，高兴地说：“这么年轻的小伙子就是卫星专家，这很好啊，今年多大年纪？”

孙家栋有些羞怯地回答：“今年40岁。”

周恩来风趣地说道：“哦，还是小伙子嘛，学森同志的年轻弟子蛮多的呀！”

本来浑身紧绷、大脑高度紧张的孙家栋，因总理几句风趣的话和爽朗的笑声而放松了下来。

钱学森先将“东方红一号”卫星和“长征一号”运载火箭的研制以及发射准备的总体情况做了全面汇报。接着，孙家栋对卫星初样进行讲解和说明，对主要技术参数和研制中的重要情况做了具体汇报。

周恩来对钱学森和孙家栋的汇报听得很认真，不时地提出一些问题，尤其是对卫星上每一个环节的质量保障措施，问得很详细。

孙家栋汇报结束时，周恩来突然像考场里的考官那样问孙家栋："卫星上总共有多少根电缆呀？"孙家栋如数做了回答。

周恩来总理用望远镜观察"东方红一号"卫星

周恩来又问："卫星上总共有多少个插头呢？"这下可难住了孙家栋，他一时有些语塞。

孙家栋红着脸，有些不好意思地说："总理，我回去认真统计好后向您汇报。"

周恩来笑了笑，和蔼地说道："这些数字对我来说并没有什么用处，但对你们来说应该是重要的。你们搞卫星工作首先要仔细认真，应该像外科医生那样，对病人的每一根神经、每一条血管都很熟悉，只有这样，才能保证卫星万无一失。"

这时，孙家栋顾虑重重，不知道该不该利用这个机会向总理提出，目前卫星仪器上镶嵌的毛主席金属像章对卫星部件的影响，该不该汇报科学与政治之间的"矛盾"。其实，为了这个问题，孙家栋一晚上没睡好觉。在那个时期，佩戴毛主席像章是社会的时尚，但镶嵌在仪器上的这些像章不仅会增加卫星重量，而且会降低卫星的可靠性。这件事情带来的质量隐患，研制人员自然心知肚明，但却没人敢说。这件事情到底应该怎么办？要不要坦诚报告？此时不说将会错失良机。

几经思考，孙家栋很慎重地对周总理说："从政治感情来说，大家出于对毛主席的热爱，在卫星仪器上装毛主席像章，这是完全可以理解的。但是从技术角度讲，这样做，一是会减少卫星重量的余量，二是卫星上天后像章对散热、无线电信号等正常工作的影响尚未掌握。"

孙家栋提出的问题，立即引起了周总理的重视，他引导大家说："对毛主席的热爱是对的，但是大家看看我们人民大会堂这个政治上这么严肃的地方，也不是什么地方都要挂满毛主席的像，比如咱们这个会议室里就并没有挂毛主席的像。政治挂帅的目的是要把工作做好，而不是要把政治挂帅庸俗化。搞卫星一定要讲科学，一定要本着科学态度。你们回去以后好好考虑一下，只要把道理给大家讲清楚，我想就不会有什么问题。"

会后，孙家栋向大家传达了周总理的原话，大家按总理说的做了调整，这件棘手的难题得到了解决。

06

大胆尝试

孙家栋接手中国“东方红一号”研制时，各分系统文齐武不齐，相互间也不太协调和配套。比如，当时卫星上的应答机已经申请到了10瓦的热耗指标，可是设备验收交付时的实际功率却只有8瓦。此时，整颗卫星的热控计算早已完成，按照卫星的研制进度，热平衡也都已经安排完毕，如果这里少2瓦，那里少1瓦，卫星的温度控制就会受影响。当时各系统的设备都已做好，任何细小的改动都可能牵一发而动全身。当这些矛盾反映到技术总负责人孙家栋那里时，他也感到很棘手。

经过认真思考，孙家栋大胆地提出了一个解决方案：为了不影响卫星的整体热平衡，哪个系统出现了余量，就由那个系统串联一个功耗电阻，富余多少就串联多少，把富余的功率由分系统消耗掉。这样既不影响设备的工作状态，又可以保持原设计的平衡状态，问题就这样得到了解决。后来的卫星出现了重量富余后，由于动平衡试验已经完成，也采用这种办法，在重量不够的仪器设备处加配重来解决，这不能不说是一个“发明”。

1970年5月，孙家栋主持制定了中国第二颗人造卫星——“实践一号”卫星的总体技术方案。方案设计继承了“东方红一号”卫星的技术和经验，并充分利用已有的新技术、新工艺和新设备，同时简化了卫星研制的程序。

孙家栋（右一）在“实践一号”卫星测试现场

“实践一号”卫星是一颗自旋稳定卫星，卫星重225千克，卫星主体直径约1米，由结构、天线、跟踪、电源、遥测和热控6个系统以及空间科学探测仪器组成。

在卫星研制过程有个有趣的小发明，对卫星的正常使用起着决定性的作用。“实践一号”卫星继承了“东方红一号”卫星的外形方案，也采用72面的棱球体，不同的是卫星球体表面除了28块太阳能电池外，还多出了两片亮闪闪的“耳朵”。

原来，这也是孙家栋用逆向思维解决技术难题想出来的绝招。按照研制阶段，卫星在模拟太阳光进行卫星热真空试验时，科研人员发现，有一个舱的温度比计算结果低了15度，设备如果在这个温度下长期工作将会出现异常，但此时如按照发射的总体进度对整星的热控设计进行更改已经来不及了。有人提出是不是可以采用孙家栋在“东方红一号”卫星时串联电阻的方式来解决，可太阳能电池的总供电功率还不到10瓦，况且已经被各系统分配无余，显然是不可能的。但如果不解决这个问题，整个发射计划必然会拖延。

这个关键时刻，孙家栋计上心来。热量多了可以放热，但热量不够怎么办呢？孙家栋提出把太阳的热量多吸收一点儿送给卫星，他假设并提议可以在卫星外壳体上的适当角度安装两片黄金板。因为在诸多金属材料中，黄金具有吸收热量多、挥发热量少的特性，这两片“耳朵”可以将太阳的热量吸入卫星内部，使卫星舱内的温度变化范围控制在设计要求之内。这一创新也在后来的实践中得到了验证。

孙家栋在工作过程中一直秉持着“大胆尝试、稳步实践”的科学态度。“实践一号”卫星是中国第一颗长寿命卫星。原计划在轨道工作1年，实际上却工作长达8年，大大地超过了设计指标，为我国研制长寿命卫星奠定了基础。

第三章

惊心动魄的『造星路』

01

惨痛失败

1965年4月29日，当时的国防科委根据中国航天技术的总体规划进展，在向中央专委提交研制和发射我国人造卫星的情况报告中，将返回式遥感卫星列入航天技术10年奋斗目标。在当时历史条件下，中国研制返回式遥感卫星尚无资料和经验，难度之大可想而知。1968年2月，返回式遥感卫星的总体研究任务转到了空间技术研究院，此项任务正式落到了孙家栋的肩上。

就这样，孙家栋在主持研制“东方红一号”卫星的同时，还担任了中国第一颗返回式遥感卫星技术的总负责。孙家栋经常说：“我的卫星总体设计工作，得益于中国航天事业的稳步发展，是中国航天事业为我提供了发展平台，成就了我为航天奋斗的事业。”

1974年11月5日11时，在一望无垠的戈壁，远远地就能看到矗立在发射台上的运载火箭。整装待发的第一颗返回式遥感卫星完成了各项检测，发射在即。随着倒计时口令的下达，各系统的地面电缆、电信号接插件、供气连接器纷纷按程序依次从火箭上脱落。

然而，本应在这时收到的卫星成功转内电的信号，却没有收到。发射指挥台上的倒计时指示表上的时间正1秒、1秒地递减。是信号传输有误，还是真正没有转内电？离火箭点火的时间只剩下几十秒钟！这一突发状况意味着如果火箭点火，将会带着不能正常供电的卫星起飞升空，而送入太空的将会是一个重达两吨的毫无用途的铁疙瘩。点火发射与停止发射必须在瞬间做出决定！

就在这千钧一发的时刻，孙家栋大喊一声：“停止发射！”

按照正常程序，发布这道命令是需要一级一级申报批准的，但如果按正常程序逐级上报，等到指挥员下达“停止发射”的命令根本来不及。理论上，这不是孙家栋该承担的事，但强烈的责任感驱使他在这紧急关头必须要去承担风险！

发射程序戛然而止，而孙家栋却由于神经高度紧张昏厥了。

发射在一刹那间停止了，人们还没有从高度紧张中完全醒过神来，清醒过来的孙家栋却立即做了简单布置，要求立即检查卫星的数据记录。故障查到了，是外供电插头脱落时的脉冲波峰干扰了卫星转内电的执行。紧急处理后，卫星和火箭又重新进入发射程序。

然而，天有不测风云，运载火箭在点火升空20秒钟后出现了姿态失稳。只听一声巨响，随着爆裂的火焰，卫星连同火箭的碎片散落在离发射台不远的地面。

几十年过去了，孙家栋对这次事故仍然记忆犹新，他说："火箭爆炸时，把半个天都映成了红色，每个人都痛心不已。为了查找原因，大家把那么大的一片沙漠像翻地一样翻了一遍，一边翻一边拿筛子把炸碎的火箭残骸、卫星残骸筛出来。之后由大家来'认领'自己的东西——这一块小铜片是我这个仪器上的，那个螺钉是你那台仪器上的……大家分门别类，对照残骸一块一块进行检查。"

最后，火箭失稳的原因找到了，罪魁祸首是一根有问题的导线造成的。拿起这根导线对着光一照，发现导线的外皮是好的，但里面的铜丝却是断的！

只找着这根导线还不算结束，还要弄明白这根导线是哪个系统上的，是什么设备上的，这根导线是在什么时间断的，断了之后为什么火箭起飞前没有出现问题。解决这些问题，要先完成理论分析，再到试验室进行模拟试验。最终判定：这根导线由于质量问题，静态时是导通的，而火箭起飞后的剧烈震动使导线断路——导致发射失败的“元凶”竟然这么简单。这么大的一枚火箭、花费心血研制出来的卫星，就因为这么一根比铅笔芯还细的导线满盘皆输。

孙家栋鼓励大家总结、吸取教训，继续战斗。一年后，一枚新的运载火箭和一颗新的卫星完成了各项检测程序，又矗立在了发射台上。

02

艰难抉择

返回式遥感卫星技术，在当时堪称世界上最为复杂的尖端技术之一。美国和苏联的返回式卫星都是经历过多次失败后，才成功回收。

美国1959年开始了“发现者号”返回式卫星的研制工作，经过38次飞行试验，最终才获得成功。苏联的航天器返回技术是为载人航天准备的，所以进行的试验次数更多。

1975年11月26日，重新研制的“长征二号”运载火箭携带着返回式遥感卫星成功发射，卫星完成空间任务后准确返回地面，完成回收。第一次发射就实现了成功回收，这里面饱含着航天人的汗水和心血。在成功回收之前，他们还有深深的担忧：如果卫星从太空返回时由于轨道误差落到国外怎么办?

孙家栋回忆当时的情景，说：“因为是第一次，压力很大。返回式卫星不仅能够返回，还得让卫星落到指定的地方，如果掉到海里还好办一点儿，要是落到国外，麻烦事就多了。当时有人提出在卫星上装个可由地面控制的‘炸药包’，一旦发现控制不了落点，就下指令把返回舱在空中炸掉。当时这个‘炸药包’已经安置好了，卫星也进入发射场开始了电测，就在要临近发射的时候，忽然又有人提出，如果卫星没有出毛病，而且也落到了指定范围，谁敢保证在天上转了几圈的‘炸药包’不会出毛病？如果一开盖，里头的‘炸药包’炸了，那不就出大事了？这‘炸药包’到底装还是不装？那几天，我脑子里都在转这个问题，精神上都有点儿支撑不住了，晕倒过好几次。经过反复权衡，大家统一了意见，认为卫星万一飞出国外，属于外交范畴的风险；而如果卫星带着‘炸药包’点火起飞，那么在空中长时间运行，直到返回落到地面，这整个过程就会增加很多不可预料的风险，很多环节都有危险。两者的风险权衡，前者的风险要小于‘炸药包’的风险，最后决定取消‘炸药包’方案。尽管卫星已经在发射场完成了各项测试，操作人员还是要修改方案拆除‘炸药包’。当操作人员小心翼翼地将‘炸药包’从卫星上拆除后，我这颗悬着的心才算落了地。”

11月29日，这颗卫星按计划在太空运行3天，完成了对地探测任务后按预定方案返回了地面，获得了大范围的遥感资料。孙家栋在返回式卫星回收指挥室里听到卫星安全回收的报告后，和大家一起激动得欢欣跳跃。在指挥室坐镇的时任国防科委主任的张爱萍紧紧地握着孙家栋的手，即席赋词一首——《欢呼长征火箭发射，遥感卫星首次回收成功》。

有了第一颗返回式遥感卫星积累的经验，孙家栋领导工程技术人员对卫星进行了相应的修改设计，第二颗返回式遥感卫星于1976年12月7日又一次成功发射升空。

03

大义凛然

1984年4月，正是西昌的阴雨季节。4月8日这天，乌云笼罩，“长征三号”运载火箭成功地把第一颗试验通信卫星送上了太空。

发射成功的第二天，刚刚卸下卫星发射重任的孙家栋还没来得及好好地睡一觉，便又乘专用飞机，马不停蹄地从西昌卫

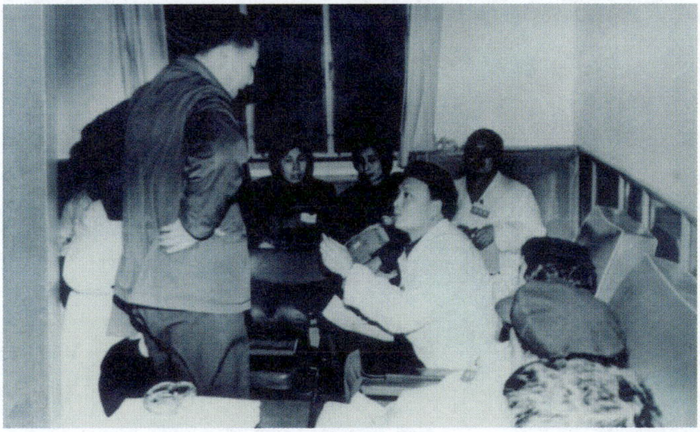

1984 年，孙家栋在“东方红二号”通信卫星故障处理决策会议上

星发射中心赶往西安卫星测控中心。

就在卫星进入地球准同步轨道向定点位置飘移时，西安卫星测控中心发现卫星上的电池温度超过设计指标的上限值，并且还有继续上升的趋势。遥测数据显示，卫星的外壳和其他部分仪器的温度也偏高，如果温度继续升高且得不到控制的话，刚刚发射成功的卫星将危在旦夕。

此时的孙家栋心力交瘁，疲惫不堪，但他全然不顾这些，立刻投入到对卫星故障的应急处置中。他迅速召集技术人员开会，鼓励大家群策群力，很快有了解决问题的思路。凭着对卫星及其飞行过程的分析，技术人员初步判断卫星发热是由于卫星相对太阳姿态角的变化引起的。孙家栋果断做出对卫星进行大角度姿态调整、降低太阳电池阵与蓄电池之间的电压差、减小充电电流，迫使蓄电池停止升温的应急故障处置决定。

西安卫星测控中心随即对卫星发出了应急指令，将星上所有功耗仪器设备全部打开，尽可能多消耗电能；多次调整卫星姿态，改变太阳辐射角，以减少太阳能电池对卫星的供电，最大限度地增加镉镍电池的放电量。

完成这些技术措施后，卫星的温度虽得到控制，但还不能正常工作。经过几个昼夜的模拟试验，大家发现当太阳照射角为90度时，卫星能源系统保持平衡，可以将温度控制在设计指标范围内。这时，卫星已经在中国上空飞行，孙家栋认为要使卫星正常工作就必须对卫星姿态角再调高5度。按照正常情况，“再调5度”的指令需要精确运算后形成文件，按程序审批、签字完毕才能执行。但在这种紧急情况下，等完成各种审批手续卫星早已飞出地面控制范围。

一切审批都来不及了，孙家栋又是一声大喊：“再调高5度！”

坐在操作台前的指挥员对执行孙家栋下达的指令感到压力巨大，尽管孙家栋的指令已经在录音设备中录了音，但毕竟没有经过指挥部集体讨论后签字。为慎重起见，现场的几个操作人员临时拿出一张白纸，在上面草草写下“孙家栋要求再调5度”的字据要孙家栋签名。孙家栋毅然拿起笔，在字据的下方签下“孙家栋”三个字。要知道这三个字的分量和风险——战争年代这叫作“生死置之度外”；在没有硝烟的卫星发射、测控现场，这也是另一种不顾个人安危的大义凛然！

执行了地面发去的指令后，卫星温度停止上升并一点儿一点儿回落，蓄电池温度失控现象终于被控制住了，卫星化险为夷；而此时的孙家栋已是精疲力竭。

第一颗试验通信卫星的成功，标志着中国成为世界上第5个发射地球静止轨道通信卫星的国家。孙家栋对太空中“发烧”卫星的处理决策在世界航天界实属罕见。事后，中国对卫星故障处理的这种果断应对，引起了世界航天界人士的关注，人们纷纷说，这种处置方法乃为我国通信卫星的发展立了一大功！

4月16日18时28分，卫星准确定点于东经125度赤道上空。中国拥有了自己的第一颗通信卫星。4月17日18时，卫星通信试验正式开始。当孙家栋看到张爱萍在北京通过试验卫星，与远在新疆乌鲁木齐的王恩茂通电话，通话声音清晰得仿佛近在咫尺，他发自内心地松了一口气。几千个日夜的拼搏，孙家栋总算流露出了轻松的笑容。

04

事在人为

随着中国改革开放和国民经济发展的需要，国家决定在地球静止轨道试验通信卫星发射、定点、应用成功的基础上，开始实施第二代应用卫星工程的研制计划。

第二代应用卫星工程包括“东方红三号”通信广播卫星工程、“风云二号”地球静止轨道气象卫星工程，和中国与巴西合作研制的“资源一号”地球资源卫星工程。被任命为“总总师”的孙家栋统领了这三项卫星工程的研制重任，成为跨部门、跨学科、跨专业的航天工程设计系统的核心。

在整个大系统工程中，孙家栋负责总体方案论证工作，审定总体指标、总体方案和技术途径。他在工作中也十分重视与其他学科专家的配合。

“两弹一星”功勋奖获得者、已故著名电子学家和卫星测控专家陈芳允，在谈到自己从事通信卫星测量控制工作时，念

孙家栋（后排左 1）出席中国与巴西航天科技合作签字仪式

念不忘地说："孙家栋在航天研究的领域中，很重视空间技术应用与其他学科的协调发展，在多学科综合利用、综合促进的总体协调方面有一套独特的方法，常常能够在轻松的学术环境下解决看起来很复杂的问题。孙家栋在年龄上要比我们年轻许多，为人处世谦虚、低调，虚心地倾听不同意见，所以在学术界能够获得大家的支持。"

在研制通信卫星时，陈芳允提出了在卫星上应用"微波统一测控系统”的建议——当时这项技术还从未在卫星上使用过。孙家栋作为中国空间技术研究院的院长，又担任着卫星研制的领导工作，如果同意其他学科的新技术在卫星上应用，是要承担工程风险的。孙家栋组织相关技术人员对“微波统一测控系统”在卫星上应用的有关问题进行分析并提出了一些建设性的意见后，采纳了陈芳允的建议。他认为如果卫星验证了“微波统一测控系统”的可行性，不仅对卫星测控有切实帮助，而且可以节省星上设备，实现一台设备多种用途，把原来所需要的几副天线合一使用。实践证明，采用这一技术，不但降低了卫星的功耗，减轻了卫星的重量，而且减少了设备的故障环节，对提高卫星的稳定性大有好处。

孙家栋对总体工作深明要意，他说：“所谓总体，就是要用最可靠的技术、最少的代价、最短的时间、最有利的配合，具有适应性和前瞻性地制定出最可行的方案，以确保获取最好的结果。这既是一种方法，也是一种体制。”孙家栋还解释道：“航天产品在研制过程中，某系统出现的问题影响到了其他系统的工作，就要立即进行协调。有时候，某分系统或子系统出现的问题看似很小，而与其他系统进行总体匹配后，就有可能出现理论上想象不到的复杂问题。如同桌子与椅子的配合，如果在桌子太高而椅子虽矮但属于正常尺寸的情况下，一般处置方法是降低桌子的高度；可如果降低桌子高度所花费的时间过长，实现的难度过大时，从总体角度出发，要满足最后的目标就有可能用不降桌子高度、升高椅子高度的办法来实现桌椅之间的协调。”

这些看似简单的道理，使用在卫星的实际研制与应用中时，便是理论与实践结合后的真理，它们成就了中国航天事业的发展。

05

勇于创新

1985年10月，中国政府向全世界庄严宣布中国运载火箭将投入国际市场，承担国外卫星发射业务。这一年，孙家栋由航天工业部总工程师升任为副部长，他的工作重点转向对外发射服务工作和国际航天科技的合作与交流。

帮外国人发射卫星，对运载火箭来说，涉及卫星的技术接口。然而，在没有获得卫星制造国的许可证前，卫星制造国是不允许双方技术人员坐在一起讨论技术问题的。

对地面设备来讲，卫星发射中心的机场要具备起降大型飞机的能力，要具备卫星停放、运输、测试所需的恒温恒湿、超洁净度的卫星测试厂房及发射塔架上的特殊工作区，要向外国卫星提供多种国际接轨的特殊支持设备，还要按商业卫星发射的规则向国际保险界购买航天发射保险，发射时进行电视实况转播。

还有，在中国技术人员眼里不算问题的住宿、餐饮，也必须按星级宾馆的标准建设和配备——西方人对生活设施的要求常常要高于对工作环境的要求。

每项具体工作都需要逐条逐项地加以落实，每个项目都需要动用大笔资金。设施、设备不到位，不要说拿到合同，就连与国外洽谈卫星发射服务的资格都没有。但是，如果耗用巨资将设施建起来，安装好，谁敢保证一定能将卫星发射任务承揽到手？建设还是不建设，花钱还是不花钱，无论谁做决定，都要承担极大的风险。发射外国卫星遇到了许多从未遇到甚至从未想到过的问题，孙家栋又一次站在了航天发展的风口浪尖。

在研究发射外国卫星的一次专题会议上，孙家栋慷慨激昂地发表了自己的见解：“既然我们的科研能力和发射水平已具备了对外承揽卫星发射服务的能力，既然我国政府已经庄严地向国际社会做了宣告，那我们就应该横下心，坚定不移地把对外开放的步子迈出去！我们要对自己的能力和水平有信心，敢于承担风险，敢于承担责任，敢于下这个决心。我们应当继承发扬当年搞‘两弹一星’时攻克难关的精神，把各项工作做好。有人问，如果我们投入了大量资金而承揽不到卫星怎么办？我想，只要你的东西比别人的好，你的条件比别人优越，在同等情况下你的价钱又比别人的便宜，应该没有理由会出现这个问题。事在人为！”

进入国际发射服务市场困难重重，即便是欧洲发达国家，为进入这个市场也都用了好多年时间，如欧洲阿里亚娜火箭进入国际市场就用了整整8年的准备时间。

孙家栋心想，难道我们也要再花上8年时间？机遇不允许我们这样！我们只能在借鉴外国经验的基础上，尽快走出具有中国特色的航天道路！

孙家栋在研究如何落实发射外国卫星的具体工作时，诸多想法与时任国防科学技术工业委员会副主任的沈荣骏不谋而合。他们认为，我们给外国发射卫星，是在做前人从未做过的事业，首先要解决两个基础性的问题：一是要在内部调整好一套适合于国际市场运作的对外开放准则，灵活运用30年来所遵循的军工产品保密规则，制定指导市场的商务方针、政策；二是建立一支专业配套、适应国际航天市场的队伍，掌握一系列适应国际商务规范的知识和技能，按照国际惯例，尽力地满足客户的各项要求。

作为国际商业模式，卖方必须满足买方的条件和要求，否则，用户怎么可能带着卫星不远万里到你的发射场？他们怎么会轻而易举地把千万乃至上亿美元的巨款放到你的手里？

孙家栋思路清晰，思维敏捷，发射团队人员献计献策，很快制定出一套适应新形势、新要求的方案和可行计划。随之，一整套与发射外国卫星相适应的制度建立了起来，技术队伍和管理队伍也建立起来，火箭的适应性改造也已完成，发射场新建的卫星厂房高高矗立，满足国际标准的发射塔架也已改造完毕，发射外国卫星的各系统全部严阵以待。

06

跻身国际

中国航天人不仅要懂得研制火箭、发射卫星，还必须学会与国外商家打交道。孙家栋这个造卫星的专家，不畏艰难地又开始扮演“航天生意人”的角色。

1988年，香港亚洲卫星公司购买的美制卫星“亚洲一号”准备使用内地的火箭作为运载工具。由于卫星是在美国制造的，美国政府必然采取非常严格的管制。美国人提出卫星当属高科技产品，对卫星出口必须纳入军品管理，卫星出境必须得得到美国国务院、国防部及武器出口控制委员会的批准。卫星从美国运到中国来发射的使命便落到了孙家栋的肩上。

很快，孙家栋与有关领导点将，由航天部、中国卫星发射测控系统部等部门组成的卫星发射服务宣讲团分赴多个国家，特别是美国这个卫星制造大国，去向他们阐明中国的立场，宣传中国的发射服务水平，讲解中国的各种保障支持能力。

1990 年 7 月，西昌卫星发射中心成功发射美国制造的“亚洲一号”卫星

通过艰苦的斗争和多方努力，美方的立场开始松动。1988年9月9日，时任美国总统的里根签署了批准美国制造的卫星由中国火箭发射的文件，但文件中还附带了三个限制条件：其一，保障卫星在中国的技术安全；其二，双方对发射事故责任必须达成协议；其三，中方发射的次数和价格要征得美方同意。

实际谈判比预想的要复杂得多，谈判桌上常常出现各不相让的僵局。孙家栋深知，与美国共同协商制定中国发射美国卫星的规章制度必须建立在平等互利的基础上，不同国度的人有不同的思维模式，这就必须要用打破常规的做法来对待。中方的立场必须得到美国人的认同，要通过摆事实、讲道理、耐心解释的方法让美国人心服口服。

会谈开始，孙家栋简单致辞后便直接切入主题，义正词严地陈述了中国政府的原则和立场：中国在外国卫星发射服务中，从来就没有打算谋求国外任何技术秘密，卫星到达发射中心后将由卫星制造商自己监护，所以技术安全是完全有保证的；中国属于发展中国家，运载火箭的制造能力和发射服务能力都是有限的，不可能对欧洲及美国的发射服务商构成威胁，而对卫星用户来讲则多了一种选择，所以中国的对外发射服务只是对国际市场的有益补充；至于说中国的发射服务价格低廉，也是因为价格倾销和政府补贴是不存在的；既然中国宣告进入国际航天发射市场，中国就有能力满足用户的各项要求，包括技术设施、保密措施、生活保障方面；中国会按照国际标准准备好，欢迎航天界的朋友带着你们的卫星到中国来发射。

这些说辞光明正大、深得人心，在当时起到了很重要的作用，这也是对中国航天对外开放所遇问题的综合解答。而这些与国际接轨的解决办法，耗费了奋力开拓进取的航天人以及孙家栋无数的心血。

美方代表是美国国务院负责经济商务的助理国务卿迈考里斯特，他是美国的职业谈判高手。当他与孙家栋对峙后大为吃惊：这位知名的科学家、造卫星的专家，怎么会具备那么多集政治、外交、科技诸多方面的谈判技能呢？

孙家栋报出发射价格时，迈考里斯特的神色严峻起来，他以强硬的口气指出："美国认为中国的卫星发射报价不属于正常的市场价格，是在政府补贴下的市场倾销。"孙家栋的回答柔中有刚："在卫星发射价格这个问题上，中国和美国是一样的，中国的改革开放奉行市场经济政策。如果说中国在发展航天方面有政府补贴的话，那么美国的卫星发射场由国家投资建设，难道就不是政府补贴了吗？……要说为什么中国的发射费用低，那是中国的劳动力要比美国便宜得多。当前，美国的一个普通劳动力月收入应该是3000美元至4000美元，而中国的一个普通劳动力的月平均工资只有100多元人民币，这相差上百倍的工资聚集到劳动力密集的火箭制造企业，中国的发射价格比美国便宜难道不正常吗？”孙家栋有理有据的回答使美方代表不得不点头称是。

当谈到卫星进入中国后的技术安全保障时，谈判几乎陷入僵局。美国不仅要求中国在技术措施上要保证卫星不被窃密，还要求中方承诺卫星在进入中国海关后免除检查。这方面的问题涉及国家海关主权原则，不能随意退让，必须要拿出相应对策。孙家栋想到了中国的“特区”政策，想到了美国卫星的“入关”实际上只是“过境”；在中国特区的“保税外贸加工区”里，也有区别于“入关”的开放政策，如果能够运用这项政策，无疑可以打破目前的谈判僵局。谈判小组所有的人茅塞顿开，拍额相觑，都觉得对美国卫星给予“过境”免检的待遇是一个好主意，于是马上行文报到了外交部和中国海关相关部门，迅速获得了国家批准，美方也表示满意。“许可证”终于尘埃落定，中国航天昂首挺胸地进入了国际商业发射市场。

1988年12月，中华人民共和国政府与美国政府签署了《关于卫星发射责任的协议备忘录》《关于商业发射安全的协议备忘录》和《关于商业卫星发射服务国际贸易问题的协议备忘录》。三个协议备忘录十易其稿，是一场艰苦的智力战。最终，中国顺利进入国际商业发射市场，达到了双方共赢的预期目的。

时任航天工业部副部长的刘纪原当时讲过一句话：“家栋在第一线谈，后面有12亿中国人民做后盾。”这场国际航天合作的谈判，实质上是两国综合国力的较量；国家实力的增强，与对方谈判的筹码自然就会加重。

第四章 年逾七旬 再赴征程

01

深空探测

发射人造地球卫星、载人航天和深空探测是航天活动的三大领域。我国航天工程已经成功地完成了系列人造应用卫星、神舟载人航天器和天宫目标飞行器的各项任务，但对于深空探测领域的活动还是空白。适时开展以距离地球最近的月球探测为起点的深空探测，是中国航天活动的必然选择，也是中国航天事业持续发展的重大举措。

我国一批专家、学者早在20世纪六七十年代就在追踪国外探月发展动向，并把探月作为深空探测的起点进行论证。但当时还缺乏长期和有深度的科学探测目标，国家的经济情况刚刚好转，航天基础还比较薄弱，探月计划未能启动。

随着国家实力的积累，孙家栋在参加探月方案的研讨时提出："我国已经掌握了卫星技术、运载火箭技术、发射技术和测控网技术，已经拥有一支实力雄厚的航天队伍。根据目前对月球探测和月球科学跟踪、研究的储备，开展探月的条件业已成熟。”

2000年，时任国防科学技术工业委员会副主席兼国家航天局局长的栾恩杰频繁地找到孙家栋，同他推心置腹地商谈开展探月工程的设想。栾恩杰非常了解孙家栋。这两位在业内极具影响力的“老航天”满怀使命感，在一起谋划着中国航天发展的战略性思路。他们认为，按照国家目前的技术水平和经济实力，完全可以开展对月球探测研究的工程实施，如果能够正确把握需求牵引关系，就可以着手考虑工程的启动了。孙家栋与栾恩杰一拍即合，又把几十年来对月球资源应用有着深厚积累的中国科学院院士欧阳自远找来,一起畅谈探月工程的大思路。

孙家栋根据自己多次担任大型航天工程总设计师的经验，提出在立项之前必须明确工程目的、实现途径、需求牵引、技术经济可行性和远期目标的连续性等原则问题。孙家栋提出，工程起步要先满足工程的基本条件，在满足基本条件的基础上由简到繁，分步实现工程应用的发展目标。经过他的几轮描绘，繁杂的头绪逐渐向清晰的思路聚拢，孙家栋的想法得到了栾恩杰和欧阳自远的赞同。

孙家栋受托组织大范围的航天工程技术人员和研究月球领域的科学家们，对探月一期工程——绕月探测进行了为期两年的综合论证。实现月球探测是一项非常复杂的系统工程，如何在我国现有的技术水平和有限的经费条件下，实施这一复杂的多学科、高技术集成的系统工程是一项巨大的挑战。因此，这项论证成为整个工程的关键，只有完成科学的综合论证，才能使探月的科学目标通过工程实施变为现实。这不仅包括工程的总体方案和五大系统的确定，还包括各大分系统之间的协调与组织。在综合论证中，不但要选择使用哪种运载火箭、卫星平台，还要解决对38万千米距离外的探月卫星进行精确测控，优选奔月轨道的理论计算和工程问题。孙家栋集思广益，把众多的复杂问题抽丝剥茧，去掉细枝末节，直到抓住真正的技术核心问题并提出可行的技术思路。

论证中，最令人担心的是我国的深空测控能力不足。当时，我国航天器在太空中飞行的最远距离只有7万千米，如何才能追踪到38万千米外的月球探测器？这一难题摆到了科研团队面前。孙家栋带领一批专家，克服了重重困难，经过两年多的努力，最终确定利用现有航天测控网的基础，与中国科学院北京、上海、昆明天文台组成的天文观测网，以及甚长基线干涉测量系统①联合完成绕月探测器的测控任务。

综合论证还确定，采用我国现有的火箭和卫星平台发射绕月探测器，用最成熟的技术、最可靠的产品和最低的成本来发射中国的首枚月球探测器。运载火箭将利用“长征三号”甲火箭现有成熟的技术加以适应性修改，以满足绕月飞行条件；绕月探测器将使用“东方红三号”卫星平台，安装探月专用仪器；发射场选择中国三大发射场之一的西昌卫星发射中心；测控任务则由航天测控网和天文观测网联合承担。

这些结论表明，探月工程实施方案科学目标明确，技术先进，不存在克服不了的技术难题，可以作为上报国家最后决策的科学依据。中国具有深远意义的深空探测工程由此拉开帷幕。

① 甚长基线干涉测量是一种用于射电天文学中的天文干涉测量方法。它允许用多个天文望远镜同时观测一个天体，模拟一个大小相当于望远镜之间最大间隔距离的巨型望远镜的观测效果。

02

七旬担纲

2003年2月28日，孙家栋等20名院士参加了国防科学技术工业委员会在北京召开的“2003年民用航天工作会暨探月工程筹备会”，会议代表超过200人。时任国防科学技术工业委员会主任的刘积斌在大会上宣布了探月工程及分系统的总指挥和总设计师名单，孙家栋被任命为探月工程筹备工作总设计师，由他负责组织工程总体方案研究的筹备工作。

经过紧锣密鼓的探月工程技术方案研究筹备，2004年1月23日，国家正式批准我国第一个绕月探测工程立项，工程被命名为“嫦娥工程”。这一举世瞩目的重大航天项目正式启动。

2004年2月19日，国务院批准成立由国防科学技术工业委员会任组长单位，国家发展和改革委员会、科学技术部、财政部、解放军总装备部、中国科学院、中国航天科技集团公司等单位参加的绕月探测工程领导小组。在不到一周的时间里，国防科学技术工业委员会便组织召开了绕月探测工程领导小组第一次会议，会上确立了绕月探测工程的科学目标、工程目标和研制计划。由工程总指挥栾恩杰、总设计师孙家栋和工程应用首席科学家欧阳自远组成探月工程的“三巨头”。75岁孙家栋的肩上又一次挑起航天重担。

探月工程“三巨头”的名称非常形象，他们各自担当一方面的重任：总指挥管绕月工程要做什么，总设计师管怎么做，

探月工程“三巨头”在月球探测工程论证会上
（前排右起孙家栋、栾恩杰、欧阳自远）

首席科学家管为什么要这么做。“三巨头”坚持：探月工程虽然起步晚，但起点要高；要优选探测目标，优化技术实施途径，在填补我国探月空白中，形成中国特色，为国际探月做出应有贡献。孙家栋则始终站在工程总设计师角度统领各个系统，根据国情国力，贯彻“有所为而有所不为”的方针；选择有限目标，突出重点，集中力量，在关键领域取得突破；循序渐进，持续发展，为深空探测活动奠定坚实、有效、可持续的基础。

孙家栋针对“嫦娥一号”卫星方案和成果提出见解：不论哪个国家，从事航天活动共同遵循的原则通常都是尽量采用成熟技术，在继承成熟技术的基础上发展、运用新技术；如果说世界各国为探月花费了巨大代价的话，那么，中国探月则应该在吸取他们的经验教训的基础上，采取最为优化和最为经济有效的方案。

孙家栋多年来养成一个习惯：脑子里只要装上问题，就会茶饭不思，苦思冥想。有时是半夜，有时是凌晨，好几次，老伴醒来发现床上的老头儿不见了，细听房间没有一丝动静，吓得她大声询问。孙家栋却很沉稳地说："睡你的觉，不要大惊小怪。"原来，孙家栋夜里醒来，看到窗外空中挂着的那一轮明月，便起身来到阳台上，仔细看着天上慢慢移动的月亮，心里在默默琢磨工程总体的一些思绪。有时他在窗前一站就是几小时，折腾得老伴儿也睡不踏实，赶紧拿件衣服给他披上。

有一段时间，孙家栋反复思考着：卫星在地球上发射的那一刻，月球在太空的什么位置？地球与月球都在不停地公转和自传，地球在什么季节与月球的距离最近？何时发射最有利于测量和控制？以往我国发射的航天器，全部是在地球引力场作用下环绕地球运动的航天器，要实现探月，则必须使航天器飞出地球引力场，进入大于38万千米远的月球引力场。由于月球与地球、太阳的运动关系，发射探月卫星必须考虑一个复杂的三体定位关系，这与发射一般的地球卫星有很大的不同，孙家栋敏锐地抓住这些新的矛盾，逐个突破。

03

抛砖引玉

正因为月球探测是中国第一次向深空探测领域的迈进，是第一次对地球以外的星体进行近距离探测，一期工程不可避免地面临着一系列新的关键技术和难点，比如轨道设计与飞行程序控制，远距离跟踪测量与地面操作控制的实现等。孙家栋作为探月工程五大系统总设计师，他在工程方面考虑最多的问题便是工程目标的实现、关键技术的解决途径和大系统间的配套协调。

在论证探月工程方案时，有些技术人员希望更多地采用新技术，为此，在制定“嫦娥一号”卫星技术方案的会议上，作为总设计师的孙家栋非常果断地说出了自己的观点。他认为，“嫦娥一号”在满足技术指标要求的前提下，尽量采用成熟技术，不仅可以提高可靠性，减少资金投入，而且可以缩短研制周期。然而，作为一项新的航天工程，必然是国家最高新技术的集合和应用，肯定要采用大量当代最先进的技术，研制大量新设备，必然会遇到意想不到的新问题。因此，需要将成熟技术与新技术交叉使用，最大限度地保证可靠性，保证工程目标的实现，为后续任务的发展积累尽可能多的理论与实践基础。孙家栋强调自己是在“抛砖引玉”，自己提的建议只是供大家制定方案时参考，但他的建议往往得到大家的一致赞同。他的人格魅力也感染着身边的人。

中国航天的快速发展推动着探月工程的进程，也使探月工程成为航天新热点。人们的关注与日俱增，这些无疑增加了总设计师孙家栋的压力。

对使用哪种型号的火箭发射“嫦娥一号”卫星，科技人员也有不同的看法。孙家栋用边分析边引导的方式同大家展开讨论。一项系统工程，并不是说技术最先进、性能最优、功能最强就是最好；关键是要看系统间的协调和匹配，总体最优才是最好；要发挥系统集成优势。“长三甲”火箭被称为“金牌火箭”，稳定性强、可靠性高，推力不是最大但够用。第一次去月球，一定要在满足技术指标要求的前提下，尽量采用成熟技术，这样不仅可以减少风险和投入，而且可以缩短研制周期。最后，孙家栋拍板用“长三甲”火箭发射“嫦娥一号”卫星，对此，大家心服口服。

卫星测控任务异常繁重，孙家栋深入现场，完善我国现有的航天测控网和甚长基线干涉天文测量网联合工作，使它们通过适应性改造，能共同完成探月工程各个轨道段的遥测、轨控

孙家栋（左）与欧阳自远一起检查探月工程设备研制和落实情况

任务。

探月工程应用系统首席科学家欧阳自远发自内心地说：“孙院士是一个善于把复杂问题简单化的‘高手’。我总是从科学目标的角度提出各种技术要求，希望我们的卫星性能高一点儿再高一点儿。但孙院士考虑更多的是如何实现‘绕’的大目标。孙院士常说：‘我是一个工程师，我的工作就是先要实现科学家的基本要求，然后再进一步拓展。’他善于抓住最主要的问题，并且敢于决断。比如说“嫦娥一号”的发射时机，孙院士认为，安全就发，不安全就不能发；因为没有安全作为前提，考虑其他因素都没用；如果发射不成功，则一切试验目标都等于零。”

确实如此，航天工程的首要标志就是成功，只有成功，才能实现航天工程的各项技术指标。

04

身经百战

中国拥有了属于自己的第一颗绕月卫星，实现了“准时发射、准确入轨、精密测控、绕月出图”的要求。“嫦娥一号”卫星进入环月轨道后，由巡航姿态转入对月定向工作姿态，星上配置的探测仪器随之开启，开始了对月球的科学探测；地面接收系统对探测数据分析处理后，成功地展现给人们清晰的月球图片。中国探月工程首战告捷的消息在国际上引起了极大反响，中国成为继美国、俄罗斯、法国和日本之后第五个拥有月球探测能力的国家。

2007年10月24日，“嫦娥一号”卫星发射成功后的当天，孙家栋立即乘坐专用飞机从西昌赶回北京。他心里装着卫星在太空飞行的分分秒秒，在之后的一个多月时间里，几乎每天都会来到北京航天飞行指挥控制中心。每当遇到卫星运行的关键节点，他的大脑都会紧随着卫星的运行轨迹而翻腾；每当出现

孙家栋院士和本书作者王建蒙大校在月球仪前合影

异常情况，他都会彻夜难眠地盯着卫星状态的数据苦思冥想：他的心随着显示屏上卫星前进的数据而跳动。

11月7日8时34分，“嫦娥一号”卫星成功实施了第三次近月制动，带着中国人的奔月梦想，成功进入经过月球南北两极、周期为127分钟的圆轨道。这之前的三次制动，将“嫦娥一号”从近月点212千米高度、远月点8617千米高度的椭圆轨道调整为高度为200千米预定的圆轨道。至此，“嫦娥一号”经过326小时的飞行，顺利实施了4次加速、1次中途轨道修正、3次近月制动共8次变轨，总飞行距离约180万千米，成功进入环月工作轨道。

11月26日9时41分，国家正式公布了“嫦娥一号”卫星传回并制作完成的第一幅月面图像图。时任国务院总理的温家宝以及国家有关领导，在第一幅月面图像揭幕活动时亲切接见了孙家栋等有关人员。总理来到孙家栋面前，握着他的手亲切地

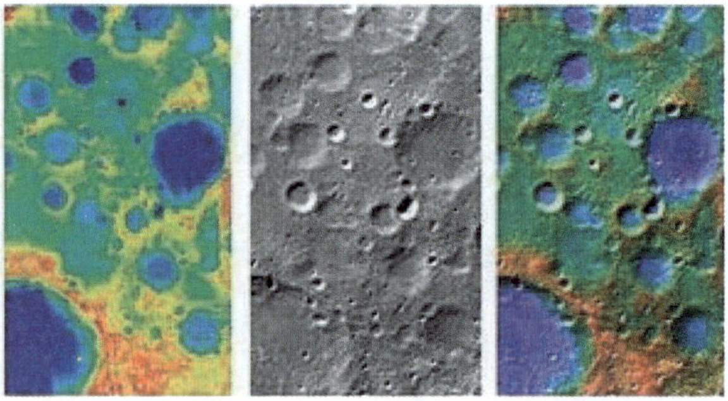

“嫦娥一号”卫星发回的月球图片

说："家栋同志，你辛苦了，你是身经百战啊！"

12月12日上午，中共中央、国务院、中央军委在人民大会堂隆重庆祝我国首次月球探测工程圆满成功。会前，时任中共中央总书记的胡锦涛走到孙家栋面前，握住他的手表示祝贺与慰问："谢谢你，家栋同志！谢谢你为航天事业做出的贡献！"

38年前，孙家栋在人民大会堂两次向周恩来总理汇报中国第一颗"东方红一号"卫星研制、发射准备情况；30年前，孙家栋在人民大会堂参加全国科学大会时，聆听了邓小平充满号召性的讲话，他还在那个大会上做了题为《关于人造卫星的成就及展望》的专题发言；9年前，孙家栋在人民大会堂被授予"两弹一星"功勋奖章；今天，还是在这里，中共中央总书记胡锦涛、国务院总理温家宝与他亲切握手，向他致谢。当孙家栋与总书记、总理眼神对望的那一刻，他又一次感到祖国的伟大、事业的神圣、航天人的光荣。

2010年1月，孙家栋院士荣膺国家最高科学技术奖，时任中共中央总书记的胡锦涛亲手为他颁发了奖励证书。

奖励大会后，当记者问他获奖感言时，他平静地说：“航天的事情一丝一毫都马虎不得，每个人手中的事情看似不大，但集合起来就是事关成败、事关国家经济利益的大事情，不论是哪个航天人都会想尽一切办法把事情办好。如果要说我自己，那我也就是那千千万万航天大军中的一分子而已。此时我的心情非常激动，也很荣幸。我觉得，航天事业是千万人共同奋斗的结果，奖励是对航天事业的肯定。我的贡献是很有限的，我只是航天大军里的一个代表，我感谢各方面对中国航天事业的支持，对我个人的支持，也向共同战斗的同志们表示感谢。”

05

险象环生

自孙家栋担任中国北斗导航卫星工程总设计师以来，在西昌发射现场指挥了14次北斗卫星发射，每次发射至少要亲临西昌卫星发射现场两次。自发射第一颗北斗导航卫星开始，在5年多时间里，每到工程实施中大的节点，他都会亲临现场。这期间，他从北京飞向西昌指挥、决策“通信卫星”“气象卫星”“北斗导航卫星”“探月卫星”等数十颗卫星发射，空中飞人似的穿梭飞翔超过100次。如果西昌机场举办年龄最大、进出最多的评选活动，孙家栋绝对可被评为冠军！

孙家栋频繁进入卫星发射中心，让他与发射中心结下了深厚的感情。发射场的领导和技术人员认为孙家栋既是总设计师，也是忘年交；既是老师，也是领导。最重要的是，有他在发射现场坐镇，大家心里就感到踏实。

2011年7月27日，中国第9颗北斗导航卫星按计划执行发射任务。凌晨4时，“两小时准备”口令已经下达，火箭“肚子”里加满了推进剂，已经进入不可逆转的倒计时程序。而此时，发射场的夜空乌云低沉，伴随着道道闪电和滚滚雷声，滂沱大雨倾泻在发射场。孙家栋与发射场最高指挥官、时任发射中心主任的李尚福将军在发射指挥控制室紧张地等候“老天爷”出现转机，孙家栋熟悉、相信李尚福的指挥决策能力。

暴雨丝毫没有停下来的意思！

倒计时！

发射窗口！

不可逆！

孙家栋坐镇西昌卫星发射中心，内心的压力可想而知。航天发射的技术状态与气象条件息息相关，这既是一个现实的重任，又是历史的考验，当他与李尚福将军眼神相对的一瞬间，都感受到了对方的鼓励。

远处仍然不时划过闪电，传来隆隆雷声，5时44分28秒，指挥员一声“点火”号令，“长征三号”甲运载火箭在雨水中喷出耀眼的烈焰，托举着中国第9颗北斗导航卫星从两块雷电积雨云的缝隙中神话般地钻出去，越来越快地向太空预定轨道飞驰，发射任务获得圆满成功。

面对高密度发射和变幻万千的发射状态，发射中心“稳中求快不盲动，快中求稳不出错”的工作原则，深得孙家栋赞赏。

卫星发射险象环生，几乎每次发射都会出现意想不到的问题。在以分秒计算的紧要关头，任何细小问题都会涉及整个发射的成败。对火箭、卫星、发射场，对测量控制的考验同样也是严峻的。艰难险阻，一个个排除！惊心动魄，换来一次次成功！发射圆满成功，标志着中国火箭、发射、控制技术的日臻成熟。

孙家栋清醒地认识到，每一项关键性的举措都意味着责任与风险同在，“准时准点发射”“零窗口”“零缺陷”“零故障”是西昌卫星发射中心保证成功的又一管理思路。在发射任务每个环节都必须实现组织指挥零失误、技术操作零差错、设备设施零故障、任务软件零缺陷、数据判读零遗漏，使发射中的每个步骤都有章可循，有据可依。

孙家栋从西昌第一次发射卫星开始，亲眼见证了这里航天人的艰苦创业和发展历程，他与发射场情系情、心连心，结下了深厚的情谊。当孙家栋目睹火箭升空的那一刻，从他双眸中迸发的是他与航天人割舍不下的满满深情。

那些年，只要发射北斗卫星，火箭旁就总能看到孙家栋的

孙家栋在中国西昌卫星发射中心

身影。临危不乱的指挥将多种紧急情况化险为夷——耄耋之年的总设计师在发射现场与大家共同奋斗，取得了一次次的发射成功。孙家栋觉得到了发射场就如同回到家，而发射场的科技人员更是觉得孙家栋像一种精神、一面旗帜激励着航天人创造一个又一个奇迹。

06

北斗导航

2012年10月25日，西昌卫星发射中心正在按计划实施北斗导航卫星的发射。这是西昌一年内连续发射的第六颗卫星。83岁的孙家栋在9个月内已经7次进出西昌卫星发射中心执行发射任务。

在孙家栋担任北斗导航卫星工程总设计师的18年中，只要过度劳累，陈旧性腰肌劳损的毛病就会复发，剧烈疼痛常常让他举步维艰。还有颈动脉供血不足的毛病使他头晕目眩，那种天旋地转的感觉让他的身体犹如被挖空般难忍，但孙家栋凭借自己坚强的毅力，一次次地战胜病魔。有一次，他的皮肤瘙痒症令他日不能食、夜不能寐，被紧急送往医院，医生建议使用激素来控制病情。但由于急着赶飞机去西昌卫星发射场，孙家栋偷偷拔掉输液针头，招呼秘书，急匆匆地从医院赶往飞机场……

这之中的辛酸苦辣孙家栋内心清楚，周围的同志们更是看在眼里。但每每谈到这些，孙家栋说的更多的是对同志们的感谢、赞赏和鼓励，表现出的多是疑难问题得到解决的兴奋和发射成功的喜悦。

22点33分，西昌卫星发射中心指挥控制大厅内发出震撼有力的声音："各号注意，1小时准备！"

孙家栋查看完有关系统工作状态后，又一次神情专注地端坐在了指挥位置。他身穿紫红色鸡心领羊绒衫、外套黑色夹克，胸前挂着天蓝色挂带的发射任务通行证，深邃沉稳的目光投射在正前方的三块大型电子显示屏幕上。三块屏幕上显示着不断变换的数据和画面，呈现了火箭、卫星、发射场状况以及有关系统发射前的各项技术状态，为发射指挥决策人员实时提供着各类信息。

一片宁静中传出响亮的"5分钟准备"指挥号令。

孙家栋听到5分钟准备的号令后，身子为之一振，腰板不由自主地挺直。他双手习惯性地交叉紧握在一起，胳膊肘支撑在面前的指挥桌上，目不转睛，全神贯注，静等火箭点火的那一刻。

23时32分，又传出“1分钟准备”的指挥号令。

显示屏上显示着火箭上部的脱落插头一个个正常脱落。随着脱落插头脱落的画面，扬声器里传来揪动人心的哧哧声和“脱落正常”报告声，这些紧张而有序的声音打破了发射指挥控制室里的一片宁静。液氢排气连接器脱落后火箭周围弥漫着一片雾气，地面发射塔架与火箭连接的电缆摆杆随之稳稳地摆开到位，屏幕上火箭的画面由火箭头部的画面进而推向屹立在发射台上的火箭全景，中间那面大屏幕上，则清晰地显示着火箭尾部六台发动机喷口的特写镜头。

“6——5——4——3——2——1——”

发射倒计时的逐秒递减声由发射场传入西昌指挥控制室，传入西安卫星测控中心，传入北京指挥控制中心，传入太平洋等待接收数据对卫星实施控制的远望号航天测量船，传入所有参加发射试验任务的人的耳朵。每一秒的递减使每一个人的心脏剧烈跳动，所有人的目光都凝聚在火箭发射升空的那一刻。

孙家栋交叉的双手松开又抱拳。虽然他历经过中国上百次航天发射，但每次的发射都不轻松，每次火箭点火前的那一刻他都高度紧张。因为这一刻凝聚着太多人的心血，担负了太艰巨的重任，寄托着太神圣的使命，完成着国家的伟大战略。

23时33分，一声“点火！”号令响彻指挥大厅，响彻发射场，响彻西安卫星测控中心，响彻北京指挥控制中心，响彻远在太平洋海域的远望号远洋航天测量船。

从发射程序的技术设定来讲，火箭起飞离开发射台那一刻为倒计时与正计时的0点，此时火箭正在精准地按照理论设定的时序1秒、2秒、3秒、4秒、5秒、6秒……向太空飞行。火箭随着每秒近两吨燃料的消耗，箭体逐级分离脱落减轻自身重量，大气摩擦力减弱产生加速度，在短短20多分钟内达到每秒7.9千米的第一宇宙速度，加速再加速冲出地球大气层。但孙家栋大脑里储存的数据却随着火箭到达预定轨道的飞行时序仍然在倒计时递减。

也许具备大智慧的人都有换位思考和逆向思维的能力。孙家栋在进行战略规划时，总是立足发展眼光，从前瞻性、预见性、战略性和国家整体发展趋势的角度，超前确定宏伟蓝图。而当落实每一项具体计划时，他总是立足现实、一丝不苟、抓大放小、疏而不漏，以完成任务的目标为零点而倒计时，每完成一个步骤就如同缩短倒计时的时间。

火箭已经远离发射场，整个指挥控制大厅又是一片宁静，火箭飞行时间在一秒一秒递增，孙家栋内心的企盼在一秒一秒递增。

火箭起飞至1574.866秒，指挥控制大厅的调度扬声器里传来消息："星箭分离，卫星成功进入预定转移轨道，此次发射获得圆满成功！"孙家栋情不自禁地从座席上起身，与所有参试人员一起热烈鼓掌。卫星发射成功之时是指挥控制大厅最热闹、最风光之时，相机快门咔咔响，闪光灯亮光划过，记者采访忙作一团。而孙家栋趁大家不注意，向紧随身边的秘书李钢使了个眼色，默默从大厅的旁门离开指挥控制大厅。

发射前一环扣一环的高度紧张，火箭起飞后一秒一秒递减的26分钟的漫长时光，卫星准确进入预定轨道的初战告捷，孙家栋悬着的心暂时落定，随之袭来的疲惫让孙家栋浑身像散了架一般。

明天一早，孙家栋将要飞往西安卫星测控中心，他要在另一个现场与那里的技术人员一起，对远在36000千米外的卫星实施一系列轨道测量、计算，发出卫星上发动机点火指令，接收卫星轨道变化后的数据，判断变轨后卫星的工作状况。随后，还要对轨道运行的卫星各系统进行在轨测试。

2012年10月26日清晨，天还没亮，孙家栋便来到西昌青山机场，停靠在停机坪的发射任务专用飞机已经准备就绪，孙家栋一行急匆匆登上飞机。孙家栋实在太累了，一上飞机就睡着了，飞机发动机的隆隆声也没能打扰到他。短暂的飞行给了孙家栋调整休息的时间，但是就在飞机落地西安的一瞬间，他就立刻清醒了过来，精神抖擞地开始下面的行程。

2012年10月30日，西安卫星测控中心对空中运行的“北斗二号”第16颗导航卫星实施四次远地点变轨[①]和两个批次定点捕获[②]，于11时41分成功定点于东经80.3度赤道上空。之后，卫星开始对卫星上各个分系统、子系统进行检查测试。孙家栋高兴地离开西安，随着飞机从西安机场起飞的那一刻，他又开始思考北斗导航卫星工程的整体运营服务。

卫星上天，开通应用，皆大欢喜，但如何真正应用于广大用户，如何真正展开服务、创造效益，则成为孙家栋的心结。随着工程阶段性转移，他的重心也在转移，那就是卫星的地面使用。

“北斗二号”工程地面运行控制和应用系统总指挥袁树友向孙家栋建议，更大范围认识北斗，普及北斗，应用北斗。“上曙星月，下安物望。”这位学者型将军提出以通俗易懂的问答

① 在对卫星的运行轨道实施变轨控制时，一般选择在近地点或远地点完成，这样做可以最大限度地节省卫星上所携带的燃料。

② 卫星捕获是指卫星在地面辅助引导和自主引导下，运动到目标卫星所处的空间轨道，然后缓慢接近目标航天器，最终处于给定的捕获容差范围内。

方式来介绍北斗新理论、新技术、新方法和新成就。袁将军昔日助手、致力于北斗应用的北斗天汇董事长刘忠华，表示要为中国北斗更大范围发展民用服务而努力。孙家栋非常支持他们的想法，并且出谋划策。很快，由袁树友将军主编的《中国北斗100问》和《中国北斗100例》两本书呈现在孙家栋面前。书的扉页赫然写着："中国北斗卫星导航定位，国之重器，国家安全、经济社会发展重要的空间基础设施，北斗卫星导航系列科普丛书，带你解决北斗的奥秘。"孙家栋一边翻看书稿，一边赞赏他们做了一件有意义的实事，欣然为两本书撰写了题为《宝剑锋从磨砺出》的序言。

2017年12月27日，是中国北斗卫星导航系统开通使用五周年的日子。这一天，国务院新闻办公室在发布会上表示，北斗系统开通使用五周年以来，北斗能力不断增强，应用产业快速发展，国际合作已经成为一张国家名片。国务院新闻办公室宣布，中国将在2018年底前建成18颗卫星的基本系统，2020年底前建成30颗卫星的完整系统，届时开通全球卫星导航，向全球人民提供优质服务。

24年，8700多个日日夜夜，中国北斗卫星导航定位系统无时无刻不牵动着孙家栋这位开创北斗系统的首任总设计师。如今，孙家栋期盼的宏图大略已经告成，工程总体规划第二步计划胜利完成，第三步计划已经开始实施。

中国的航天研制与发射能力今非昔比，一年之内便可以采用“一箭双星”的方式将18颗新型卫星布在太空，具有中国特色的卫星导航定位系统将为全球大众带来福音，使他们拥有文明和美好生活的新选择。

孙家栋内心的喜悦难以言表，他由衷地为中国航天的成就而自豪。孙家栋骄傲地说：“中国北斗要做到天上好用、地上用好。北斗应用，只有想不到，没有做不到！”

07

收官之作

2018年是中国航天发射史上非同寻常的一年，也是航天发射的丰收年。刚刚度过89周岁生日的孙家栋，已经在工作日程中排上了中国气象卫星发射前的行程。这将是孙家栋担任航天工程总设计师生涯里发射的最后一颗卫星。

孙家栋又一次踏上征程。自1983年西昌卫星发射中心首次迎来火箭和卫星，35年间不论酷暑严冬，不论狂风暴雨、电闪雷鸣，孙家栋从北京往返西昌累计飞行百余次，在那个令世人瞩目的地方，完成着一个不变的特殊使命，那就是中国的航天发射。

21年前的这个日子，中国第一代静止轨道气象卫星待命发射，68岁的孙家栋坐镇指挥控制室，屏住呼吸，目送卫星向太空冲刺。

21年后还是这个日子。2018年6月5日21时，孙家栋依旧坐镇在这里，炯炯有神地紧盯着各系统汇集到指挥显示屏幕上的数据，内心在默默随着倒计时时钟的滴答声进行着倒数。

与21年前有所不同的是，孙家栋已满头白发，步履变缓，已经需要拐杖的帮助了。

卫星发射又一次获得圆满成功，担任了21年的地球静止轨道气象卫星工程总设计师的孙家栋内心满是喜悦。在发射指挥大厅，孙家栋欣然接受了记者的采访："风云卫星发展伊始，气象部门坚决支持国产气象卫星的研制，给予研发部门非常大的支持，应用部门和研发部门互相理解、互相支持，共同制定了长远发展目标。我们脚踏实地，一步一个脚印向前推进才有了今天的成绩。"

接着，孙家栋风趣地讲了气象卫星与人们息息相关的例子："大家知道，人们每天晚上7点都收看《新闻联播》节目，但在这半小时内看什么，那肯定是看自己所关注的那些内容。可是《新闻联播》后的《天气预报》开始时，不论是在吃饭还是在做事，大家都会停下手里的事，听一听《天气预报》。这不仅仅是在上海、北京、哈尔滨、拉萨，就是在南海岛屿、偏远乡村也是如此。我们的电视直播卫星已经实现了国土全覆盖，只要能够收看到电视节目的地方，人们都会认真地看一段本地和家人所在地的天气预报，所以天气预报节目才是必看的节目。人们茶余饭后经常会说，现在的天气预报真准确。尤其是现在手机媒体的普及，人性化的气象预报更是对气候变化、风力雨水趋势、穿衣指数，甚至连带雨伞、擦洗车辆这些服务都有准确的提示。实际上，这就是气象卫星给人们带来的实实在在的福音。”

如今，风云气象卫星，已经为各行各业、以及数亿百姓带来丰硕成果。风云气象卫星形成了近100种业务化定量产品，在海洋、农业、林业、水利、环境、交通、航空、航天等众多领域得到广泛应用。风云气象卫星向各行业提供遥感监测信息年均超过上千条，累计为78个国家重大工程和重点科研项目提供了强大的科学数据支撑。

2018年11月30日，国家国防科工局和中国气象局联合召

“风云四号”卫星发射现场

开的会议，向气象卫星工程总设计师孙家栋颁发了“风云气象卫星事业终身成就奖”。

孙家栋感慨地说：“当年中国通过国家重点任务带动航天技术发展，但高新技术发展到一定阶段，一定要逐步普及，各行业都可以介入。中国航天事业发展到现在，国家整体的物质条件比原来有了很大的改善，有一定的技术人员和财力可以推动社会力量开展民营航天，这也是当前中国航天事业发展非常关键的一步。民营航天发展会经历一个比较艰苦的发展过程，需要坚定信心，在不断深入总结经验的基础上，寻求一条高效发展道路。”

确实是这样，20年来，平均一年发射一颗气象卫星，每颗卫星的技术状态以及与之相协调的各个系统，无不牵动着孙家栋的心。20年如一日，国家气象局局长都换了好几任，卫星、火箭的总设计师也都换了好几茬，而孙家栋这工程总师却从头

孙家栋获得“风云气象卫星事业终身成就奖”

至尾坚持下来。孙家栋说："国家气象卫星的收官之作也是我这辈子担任航天工程总设计师的收官之作。"

第五章 犹向苍穹寄情深

01

英雄之泪

在“嫦娥一号”卫星顺利进入环绕月球轨道那一刻，全国的电视观众在电视屏幕上看到了一个被摄影师抢拍到的镜头——当航天飞行指挥控制中心的扬声器里传出“嫦娥一号”卫星绕月成功的消息时，在场的人全部从座位上站起来，欢呼跳跃、握手拥抱，而孙家栋却走到了一个僻静的角落，悄悄背过身子，从衣服里掏出手绢，偷偷擦眼泪，这个镜头令许多人感动不已。

孙家栋心态平和，不会轻易掉泪。“喜心翻倒极，呜咽泪沾巾”，那是喜悦的泪水，也是因昔日艰难拼搏获得成果时欣慰的泪水。孙家栋在航天发射试验中遇到过许许多多艰难险阻，身边的人未曾见他掉过眼泪，此时他悲喜交加的泪水，足以说明中国探月工程的艰难和获取成功的不易。

中国首次探月获得圆满成功后，记者采访了孙家栋。

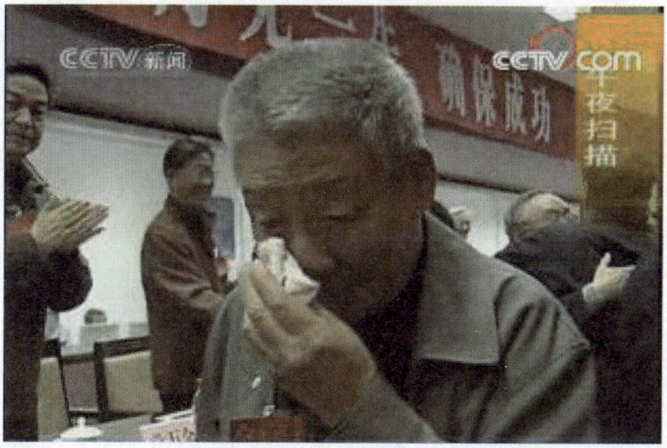

绕月探测工程总设计师孙家栋在偷偷地擦眼泪

记者问："孙总，假设我们实现了载人登月，航天员又可以把一件属于您自己的东西带到月球上作为永久纪念，您将会带什么去？"

孙家栋说："我是这样看的，将来我们中国人登上月球那一天，每一克都是非常宝贵的，我相信我不会带我自己的东西，肯定要根据我们国家整个事业的要求来带更重要的东西。你可以看一看我们的'嫦娥一号'卫星，它本身的重量是2350千克，里面装的推进剂就占到1200千克。而要把这件飞行器送到月球，它的代价相当大。所以你可以想一想，载人登月每一克的价值是多少。我们绝对会精打细算，每一克、每一千克都用得非常有意义。你问我自己想带什么上去，这个我绝对没有想，也绝对不敢设想。”

记者还是不甘心，又指着孙家栋面前的月球仪，话题一转说：“既然您说上月球的每一克都很宝贵，不能随便带，那您希望以自己的名字命名上面的某个地形吗？这总归不占分量了吧？”

孙家栋笑着说：“不敢想，从来没想过。不过自从参与探月工程，我每天晚上抬头看月亮，那感觉和从前好像是有点儿不一样了。”

2007年是“嫦娥一号”卫星发射升空的关键性一年，这一年也是孙家栋最为繁忙的一年。为了探月工程能够按计划顺利实施，他每个月都马不停蹄地从一个城市飞往另一个城市。这一年里，年近80岁的孙家栋10次进入发射场，在发射现场指导了5次卫星发射任务，主持及参加了近百个与航天有关的会议，有时一周内竟然能去三四个城市。在卫星发射前夕，孙家栋更是忙得不亦乐乎，两周内就几次穿梭于北京、四川和山西之间。从9月初“嫦娥一号”卫星进入发射准备状态开始，一直到11月26日卫星出图的近百天时间里，孙家栋全身心地投入到了探月工程的实施中。老伴魏素萍不经意地流露出这么一句话：“家栋总是天天跑，穿皮鞋太累，我每年光布鞋就得给他买四五双，你说他费不费。”

一位近80岁的老人，为了中国的航天工程，一年要穿破好几双布鞋！这几双布鞋所踏出来的是中国航天人的拼搏之路，显露的是一个科学家的执着与情怀。

实际上，在“嫦娥一号”卫星发射之前，孙家栋就已经在酝酿探月工程的后续发展，他已经将一部分精力投入到了探月工程第二期实施方案的编制中。短短4个月的时间内，孙家栋就主持召开了8次“探月工程第二期实施方案编制专家组会议”，他一边指挥协调“嫦娥一号”发射前的诸多事宜，一方面组织相关人员编制探月工程第二期的实施方案。令孙家栋欣慰的是，经过不懈努力，获得国家批准的中国探月计划二期工程实施方案正在快速、稳步向前推进。

02

北斗星缘

随着人们活动范围、行走距离的增加，对方向辨别、行走的动态位置和定位的日益渴求，导航系统与人们生活愈加密切相关。卫星定位系统，是一种使用卫星对物体进行准确定位的技术，可以实现在地球上任意一点、任何时刻为人们提供高精度导航、定位、授时①等服务。

1994年12月，孙家栋被任命为北斗导航试验卫星工程总设计师。经过10年的砥砺前行，2004年5月，孙家栋被正式任命为北斗第二代导航卫星工程总设计师。工程由第一步的试验阶段正式转入第二步应用实施阶段。

在孙家栋的组织下，中国用了短短5年时间，将16颗卫星布在太空当中，仅在2012年一年里就连续实施了4次发射，成

① 卫星授时是利用卫星上装有的高精度原子钟，向地面不间断提供精准时间，从而实现定位与导航。

功地将6颗北斗卫星散落天际，并正式开通亚太地区区域卫星网的运营。

说起北斗导航卫星系统的建设历程以及卫星发射，孙家栋如数家珍，脸上尽是兴奋与自豪。然而，每一次跨越重大节点的过程都有无数的艰难险阻，每一次成功的背后都有着惊心动魄的历练。一次次艰难险阻和惊心动魄都难以预料，不仅是对所有研制、试验人员的考验，更是增添了孙家栋这位总设计师

孙家栋在第 16 颗卫星发射成功后接受中央电视台记者采访

肩上的重担和责任。

2007年2月3日子夜，很多人已进入了梦乡，但发射任务已经把孙家栋身体的睡眠生物钟调整为兴奋状态。这天，是中国航天2007年的首次卫星发射，也是“长征”系列运载火箭的第95次飞行。发射还算顺利，卫星按程序进入预定轨道。

然而，卫星入轨后不久，地面监控发现卫星上的太阳能帆板出现异常，由于卫星失去电源，各种信号与地面中断，卫星在茫茫太空中瞬间无影无踪。这一情况使孙家栋一下子紧张起来，他立即召集科研人员进行分析研究，随即按照讨论的决策着手地面模拟试验。

科研人员计算推断，卫星按照目前的巡航状态，大约在第10天能够获得太阳光的少许能源，地面有可能接收到卫星上发来的微弱信号，若能收到信号，即便微弱也非常有价值，可以根据接收到的数据模拟卫星在轨道运行的状态，来制定卫星恢复方案。

日子在人们焦急的等待中一天天过去，奇迹发生了！“远望号”测量船在密切监测中率先接收到卫星传来的遥测信号，接着，有关测控站也相继收到卫星的遥测数据。与人们捉迷藏似的消失了十几天的卫星，重新回到科研人员的掌控之中。此时正是除夕，孙家栋率领科研人员顾不得春节假日，很快根据卫星的实测数据制定出抢修方案。

4月11日，经过航天科研人员与西安卫星测控中心60天的联合奋战，攻克了多项技术难关，第四颗北斗导航试验卫星故障已被排除，卫星运行姿态良好，星上仪器工作正常，随即转入在轨长期管理。

卫星在浩渺无边的太空中斗转星移，中国航天人又一次创造了奇迹！孙家栋疲惫的脸上又一次露出欣慰的笑容。

03

淡泊名利

孙家栋是千千万万个造星人中的一个，更是主持了中国第一颗人造卫星，见证了中国300多次火箭发射，数百颗星研制、发射和使用的资深造星人。他始终严格遵守自己“造星高调、生活低调”的原则。

孙家栋主持完成了我国第一颗人造卫星、第一颗返回式卫星、第一颗静止轨道试验通信卫星的总体设计。他担任“东方红三号”通信广播卫星、“风云二号”气象卫星、中巴资源卫星等3项我国第二代应用卫星工程的总设计师，负责上述3个工程大系统的总体设计、技术决策和技术协调，工程均取得了圆满成功。他担任我国北斗卫星导航系统一代和二代工程总设计师，做了多项重要决策，主持解决多项重大工程技术问题，完成了北斗导航一代系统、二代系统的运营管理。在他的倡导和领导下，我国分步完成了月球探测工程三个阶段的计划和方案实施，解决了多项关键技术问题，明确了我国月球探测的发展方向、目标和路线图，对工程各大系统的技术路线做出重要决策，按计划圆满完成了我国月球探测任务。孙家栋是中国航天的功勋人物。

然而，孙家栋在对待自己的问题上，用他的话来说："国家需要你到哪里，就到哪里，国家交给你什么任务，你就必须想方设法把工作做好。"他的脑子里装的尽是工程，很少想过个人得失，谈到他的生活待遇，他总是岔开带过。

有一次，孙家栋与老朋友聚会，当谈到社会上的一些现象，包括科学界、学术界对待技术成果和名利的一些不正之风时，他的老同学刘从军拍案而起，动情地说："孙家栋在中国航天发展中做了那么多工作，很多并没有被人知道，他计较过了吗？那些追名逐利的人，应该拿孙家栋作榜样，拿孙家栋对照一下自己……"这时，只见孙家栋适时地夹一筷子菜放到老同学盘子里，说："从军，你甭激动，甭激动，吃这个，吃这个，这可是你喜欢的红烧排骨啊！"在众人的哈哈笑声中，他巧妙地把大家对自己的夸奖岔了过去。

孙家栋取得了成绩，媒体采访他、宣传他的活动接踵而来，但他的原则是能推则推、能拒则拒，实在没办法，就保持低调，不居功自傲。

孙家栋经常说："什么名利不名利的，如果做出了成绩，那是组织上给了你活动的平台，那是同志们共同努力的结果。几十年来都是按照分工开始忙起来，大家一门心思都扑在工作上，哪有心思去考虑什么个人得失。同志们都那么努力在工作，你如果总考虑自己那也太不够意思了吧！"

孙家栋觉得自己是最幸运的人，留学归国就加入了中国航天大军。在他半个多世纪的航天职业生涯中，他有幸参加了当时中国100颗卫星之中33颗卫星的研制，并在其中担任卫星技术负责人、总设计师或工程总设计师，亲身经历了从地球卫星到月球卫星的中国航天事业发展的三个里程碑。孙家栋曾经动情地说："搞了一辈子航天，航天就是我的'爱好'，这辈子都不会离开了。"

几十年来，孙家栋不论是做领导还是搞科研都非常认真，他都能做到“抓大放小”，充分发挥大家的力量，自己勇于承担责任，以身作则。神舟飞船首任总设计师戚发轫院士说：“孙部长是小事不纠缠、大事不放过的人，跟他在一起，痛快！”“嫦娥一号”卫星系统总指挥兼总设计师叶培建院士说：“孙部长待人谦和，在工作中他总是能抓住问题的要害，提出解决问题的点子，跟他在一起，心里踏实！”

孙家栋对中国的航天事业充满着深厚感情，他深知航天工业的强盛对国家所起的作用。几十年前，毛泽东、邓小平等老一辈革命家高瞻远瞩，对加速中国航天发展发出的号召，对中国航天给予的支持、指导和高度重视，他都铭记在心。

04

寄情苍穹

少年勤学，
青年担纲，
你是国家的栋梁。
导弹、卫星、
嫦娥、北斗，
满天星斗璀璨，
写下你的传奇。
年过古稀未伏枥，
犹向苍穹寄深情。

“功勋科学家，星斗焕文章。”孙家栋院士无愧于这样的荣誉。

孙家栋院士是我国航天事业60年发展的一个缩影，是我国航天事业60年发展的里程碑式人物。

1999年9月18日，中共中央、国务院、中央军委在人民大会堂隆重召开表彰大会，表彰为研制“两弹一星”做出突出贡献的科技专家，并为23位科技专家授予“两弹一星”功勋奖章。孙家栋是受表彰的23位科技专家之一。

正如中国航天界众多元老级人士的评价：“两弹一星，除了导弹、原子弹，还有向太空放卫星，关键是孙家栋放成了中国的第一颗卫星。孙家栋获得这个功勋奖章是当之无愧的。”

人生能有多少个十年，孙家栋人生轰轰烈烈、绽放着精彩

孙家栋的“两弹一星”荣誉证书及奖章

的这些十年：

1949年，20岁的孙家栋，为中华人民共和国的建立欢呼，随即加入中国人民解放军新组建的空军队伍，留学苏联。

1959年，30岁的孙家栋，加入中国导弹研制，开始了为之奋斗一生的航天生涯。

1969年，40岁的孙家栋，主持研制的中国第一颗人造卫星大功告成。

1979年，50岁的孙家栋，受命担任中国空间技术研究院副院长，“东方红二号”通信卫星总设计师。

1989年，60岁的孙家栋，由航空航天工业部副部长改任航空航天工业部科学技术委员会主任。在这一年，他代表中国政府与美国政府签署了《关于卫星商业发射服务》协议书。

1999年，70岁的孙家栋，在人民大会堂被授予“两弹一星”功勋奖章。他参与领导的中国、巴西合作研制的“资源一号”卫星在太原卫星发射中心发射成功。

2009年，也许是80岁的孙家栋最为忙碌的一年，忙碌是指他在这一年中参与的活动多，主持的技术会议多，空中飞来飞去的次数多。这一年是孙家栋厚积薄发、赞扬与荣誉集中而至的一年。而这一年最为重大的事件是孙家栋荣获2009年国家最高科学技术奖和国家科学技术进步特等奖。

2009年3月1日16时13分10秒，“嫦娥一号”卫星累计飞行494天，圆满地完成了工程目标和科学目标，孙家栋在北京航天指挥控制中心目视“嫦娥一号”卫星准确落向月球的预定撞击点。

3月5日，孙家栋收到了97岁高龄的著名科学家钱学森写给他80岁生日的亲笔贺信。

4月8日，孙家栋生日那一天，他收到中共中央为他送来的生日贺卡，上面写着“尊敬的孙家栋同志：在您八十华诞之际，谨祝您生日快乐，健康长寿！”

9月30日，孙家栋受时任国务院总理的邀请，出席在北京人民大会堂举行的庆祝中华人民共和国成立60周年盛大国庆招待会。

10月1日上午，受中共中央的邀请，孙家栋作为“两弹一星”功勋奖章获得者，与党和国家领导人一起登上天安门城楼，参加首都各界20万军民庆祝中华人民共和国成立60周年大会。

孙家栋在天安门城楼上，看到一个个受阅方队在嘹亮军歌的雄壮声中威武向前，精良铠甲，铁流滚滚，导弹武器威震四方，先进战鹰呼啸划过……孙家栋年少时的盖大楼梦，大学时的造飞机梦，留学归来后的中国导弹飞天梦，如今应用卫星种类齐全、遨游太空的航天梦，在这个瞬间，从他的脑海一一掠过。

正在浮想联翩的孙家栋，被一位新华社记者问道：“孙院士，能告诉我此刻您在想什么？”孙家栋动情地说：“祖国的强大让每个中国人无比自豪，我在祝福我们伟大祖国更加繁荣昌盛，取得更大成就！”

晚上，孙家栋与党和国家领导人一起登上天安门城楼，参加庆祝中华人民共和国成立60周年联欢晚会并观看礼花表演。

一个接一个活动虽然使孙家栋感到疲惫，但党和国家给予的崇高荣誉，让他感到无比幸福与荣耀。

2010年1月11日上午，中共中央、国务院在北京人民大会堂隆重举行国家科学技术奖励大会。当党和国家领导人来到大会主席台时，大会堂里响起了热烈的掌声。上午10时，与会全体人员起立高唱国歌，在热烈的掌声中，孙家栋接受了时任中共中央总书记、国家主席、中央军委主席胡锦涛向他颁发的奖励证书。

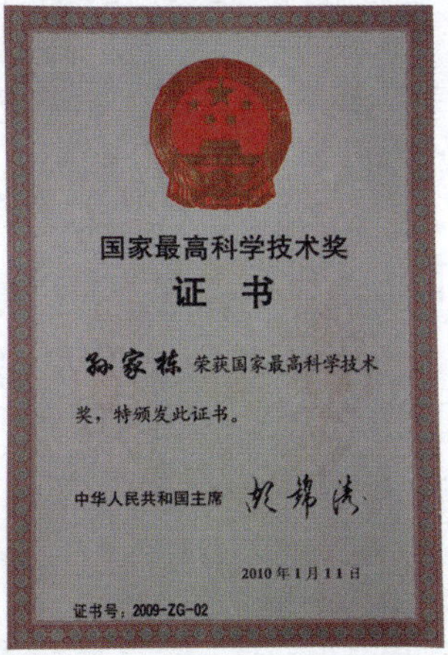
国家最高科学技术奖
证 书
孙家栋 荣获国家最高科学技术奖，特颁发此证书。
中华人民共和国主席 胡锦涛
2010年1月11日
证书号：2009-ZG-02

孙家栋获得的国家最高科学技术奖

2011年1月26日上午9时50分许，一阵爽朗的笑声从孙家栋的家里传来，时任中共中央政治局常委、中央书记处书记、国家副主席、中央军委副主席的习近平，专程到孙家栋家里来看望："孙老您好，春节快到了，我代表总书记和党中央给您拜年啦。"

习主席紧握着孙家栋的手说："您是航天科技领域的领军人物，做出了许多重大贡献，祖国和人民都不会忘记您。我对您为国家航天科技事业发展做出的突出贡献表示敬意和感谢。"

孙家栋说："我们在去年和'十一五'期间连续取得了一系列很不容易的成绩，同时也有一批非常优秀、非常有战斗力的人才脱颖而出，这都得益于航天发展的好年代，信任年轻人，给他们压担子，让他们更快地成长。另外，航天精神代代流传，年轻人深受感染，这点我体会很深。"

7年学飞机、9年造导弹、50年放卫星的孙家栋，不论是投笔从戎、出国留学，还是放弃航空专业投身航天事业；不论是从导弹研制转为卫星研制，还是从技术岗位转为行政领导，他始终坚持国家利益高于一切，看名利淡如水，视事业重如山。

迈入90高龄的孙家栋，仍然在为中国的航天梦呕心沥血、奋斗不息，并且对我国航天事业的未来充满渴望和期待，孙家栋对航天事业的爱是那么炽热，他说："国家需要，我就去做！"

2019年4月20日，已经夜里11点，孙家栋的手机微信里传来喜讯：西昌卫星发射中心用"长征三号"乙运载火箭成功将"北斗三号"卫星送入预定轨道。这是长征系列运载火箭第302次发射，也是"长三甲"系列运载火箭的第100次发射。孙家栋发自内心为中国航天的不断创新和快速发展赞叹，为中国航天取得的巨大成就而欣喜、自豪。

如今有"长征五号""长征七号"，以后还将会造出性能更好、推力更大的"长征九号""长征十号"，还会出现更加辉煌的民营蓝箭航天以及市场所需要的低成本高性能运载火箭。只要有需求，中国就能够提供高质量、高性能、高可靠性、低成本的航天产品。以商业航天为引导的一大批民营火箭、卫星制造商、运营商将会提供更为广泛、更为便捷有效的各种运载火箭和应用卫星，更好地造福社会、造福千家万户、造福全人类。中国人有能力、有理由成为世界科技大国、强国，中国人有能力、有自信为世界航天提供支持并做出更大的贡献。

“莫道桑榆晚，为霞尚满天。”耄耋之年的孙家栋，如同太空中的人造卫星，不知疲倦地为人们传输航天的福音。孙家栋对航天的奉献与付出仍在继续，无止境、不停歇。

孙爷爷说卫星

就算是抬头就能看见的星星，在人们心中也披着神秘的面纱。人类敬畏未知的宇宙，却从未停止过探索的脚步。

1 天然卫星和人造卫星

天然卫星

天然卫星是指在围绕行星轨道上运行的天然天体。太阳系共有8颗行星，他们以同样的方式围绕太阳转动。太阳是太阳系的中心，它拥有的引力将行星聚集在一起，并让它们在各自的轨道上围绕着太阳转动。我们赖以生存的地球是一颗行星，年复一年、日复一日，除了时刻不停地自己转动外，也围绕太阳转动。地球围绕着太阳转，被称为公转，转一圈需要一年时间。而月亮也一直在围绕着地球转动，是地球唯一的天然天体卫星。土星的天然卫星最多，其中17颗已得到确认，至少还有

地球唯一的天然天体卫星——月球

五颗尚待证实。天然卫星的大小不一，差别很大，其中一些卫星的直径只有几千米大，有的卫星却比水星还大。

人造卫星

人造卫星是人类采用最前沿的科学技术研发出的一种能够满足人们特定用途的航天器。科研人员将这个航天器放置于所需要的太空轨道，让其以一定规律围绕地球转动运行。但因在不同的轨道上受非球形地球引力场、大气阻力、太阳引力、月球引力和光压的影响，实际运动情况非常复杂。围绕地球运行的飞行器被称为人造地球卫星，围绕月球运行的叫作人造月球卫星，而围绕其他太空星体运行的自然就是那个天体的卫星。人造卫星是发射数量最多、用途最广、发展最快的航天器。人造卫星发射数量约占航天器发射总数的90%以上。

2 人造地球卫星的运行轨道

人造地球卫星绕地球运行遵循开普勒行星运动三定律。

第一，卫星轨道为椭圆形，地球在椭圆的一个焦点上。其长轴的两个端点是卫星离地球最近和最远的点，分别叫做远地点和近地点。

第二，人造卫星在椭圆轨道上绕地球运行时，其运行速度是变化的，在远地点时最低，在近地点时最高。速度的变化服从面积守恒规律，即卫星的向径在相同的时间内扫过的面积相等。

第三，人造卫星在椭圆轨道上绕地球运行，其运行周期取决于轨道的半长轴。不管轨道形状如何，只要半长轴相同，它们就有相同的运行周期。人造地球卫星轨道的形状和大小由它的半长轴和半短轴的数值来决定。其半长轴和半短轴的数值越大，轨道越高；半长轴与半短轴相差越多，轨道的椭圆形越扁长；半长轴与半短轴相等则为圆形轨道。

人造卫星为了不受地球引力的影响，轨道高度距离地球不能低于120千米。如果按轨道高度分，人造卫星可大致分为距地球的低轨道卫星、中轨道卫星和高轨道卫星。

低轨卫星的高度低于1000千米，中轨卫星的轨道高度在1000千米~15000千米之间，高轨卫星则在15000千米以上的轨道上运转。如果把卫星设置为赤道上空36000千米的位置，由于卫星围绕地球转动的周期与地球自转周期大致相同，设置在那个位置的卫星所对应地球的某个目标，就可以实现相对位置不变，这个空间位置被定义为地球同步定点轨道。

航天工作者们会根据不同用途，把卫星放置在地球上空不同的轨道。

3 不同用途的人造卫星

按用途分，人造卫星可分为三大类：科学探测卫星、技术试验卫星和应用卫星。

科学探测卫星是用于科学探测和研究的卫星，主要包括空间物理探测卫星和天文卫星。科学探测卫星用来研究某星球的大气、辐射带、磁层、宇宙线、太阳辐射等，并可以对其他星体进行观测。科学探测卫星携带着各种仪器，悬浮在地球头顶，为人类提供空间环境和太空天体的真实信息。20世纪70年代，中国研制成功了可返回式照相科学普查卫星。这种卫星上装载了大型相机和化学胶片，当卫星一圈一圈地环绕地球完成各项照相普查任务后，地面指挥中心调整卫星飞行姿态，让卫星冲破大气层重返地球，降落在指定的地面。科技人员会对收集到的图像进行分析处理，获得所需的数据。这些宝贵的信息不仅可以为经济发展、军事战略提供帮助，而且可以为人类探索太空提供各种科学依据。

技术试验卫星是进行新技术试验或为应用卫星进行试验的卫星，用于研制周期长、价格昂贵，制造复杂的卫星上的许多新设计、新材料、新仪器，往往需要首先在太空进行试验，获取成功的数据后，方可用于人造飞行器上。尤其是载人航天工程，在实现载人飞行前，必须先完成一定次数、不同状态的试验飞行。比如，中国第一位航天员杨利伟所乘坐的“神舟五号”飞船飞天前，曾进行了4次不载人的成功发射、太空遨游、准确返回地球预定位置的尝试。这些都是由技术试验卫星完成的。

应用卫星是直接为人类服务的卫星。它的种类最多，数量最大，其中包括：通信卫星、气象卫星、军事侦探卫星、导航定位卫星、大地测量卫星、地球资源普查卫星、海洋探测与实时监测卫星、承担空中通信数据接力的中继卫星等。

我们每天都在使用的手机导航定位，就是由导航定位卫星实现的。在任何偏远的地方，只要安装一副接收天线，便可以轻而易举地接收到清晰的电视图像，这便是由直播通信卫星实现的。我国发射成功并提供使用的“高景1号”商业遥感卫星，在8个月时间内，就完成了全球22.5万单位影像，相当于2456万平方千米的地球面积。这些图像数据广泛地服务于测绘、国土资源、城市建设、农林水利、地质矿产等众多行业。

4 拥有卫星的国家

目前，全世界有20多个国家拥有卫星，中国位列其中。而苏联是第一个建造并发射了人造卫星的国家。

1957年10月4日，苏联将“人造地球卫星1号”成功送入太空，成为人类向太空进军的里程碑。这颗卫星是一个重83.6千克、直径58厘米的圆球形铝合金体，球体外面装有4根用于向地球发送与接收无线电信号的弹簧鞭状天线。球体里面装有两部无线电发射机，频率分别为20.005兆周和40.002兆周。除此之外，球体内还有一台测量磁感应强度的磁强计、一台探测电离辐射的辐射计数器，还有一些测量卫星内部温度和压力的感应元件和为卫星提供能源的化学电池。

人类第一颗人造地球卫星进入围绕地球运行轨道获得的成功在不同学科领域都引起了极大轰动，同时，也加速了各国加速研制和发射卫星的脚步。人造地球卫星第一次突破了“第一宇宙速度”，进入环绕地球运行的轨道，是多么令人兴奋啊！依据英国著名物理学家牛顿于1687年发现的万有引力定律，只有运送卫星的运载火箭飞行速度达到每秒7.9千米，即第一宇宙速度，卫星才能冲出大气层，摆脱地球引力。“人造地球卫星1

号”成功进入轨道无疑是开启了人类探索宇宙的新征程。

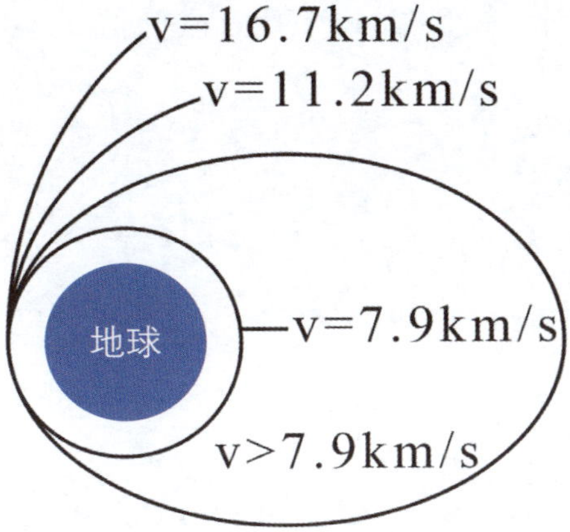

1958年1月31日，离第一颗人造地球卫星进入太空不到120天，美国也将自行研制的第一颗人造地球卫星——“探险者1号”人造卫星成功地送入距离地球近地点360.4千米、远地点2531千米、轨道倾角33.34度的椭圆轨道绕地球运行。在这个轨道上，卫星围绕地球转动一圈的时间为114.8分钟，这个时间被称之为“卫星运行的周期”。美国的这颗卫星的形状与苏联的有所不同，它是一个圆柱锥顶形，高203.2厘米，直径15.2厘米，重量为8.22千克。美国从此成为第二个拥有人造卫星的国家。

1965年11月26日，法国的第一颗“试验卫星1号”人造卫星发射上天，成功进入距离地球近地点526.24千米、远地点1808.85千米、轨道倾角34.24度的椭圆轨道运行，运行周期108.61分钟，卫星重量42千克。法国成为第三个拥有人造卫星在轨运行的国家。

1970年2月11日，日本发射成功了第一颗“大隅号”人造卫星。卫星距离地球近地点339千米，远地点5138千米，轨道倾角31.07度，运行周期144.2分钟，重量9.4千克。日本成为第四个拥有人造卫星在轨运行的国家。

5 中国的第一颗人造卫星

1970年4月24日，中国自行设计、研制的第一颗人造地球卫星“东方红一号”卫星发射成功。

卫星运行轨道距地球近地点439千米，远地点2384千米，轨道倾角68.44度，运行周期114分钟。卫星外形为直径1米的球形72面体，卫星重量173千克。“东方红一号”卫星的成功使中国成为继苏联、美国、法国和日本之后第五个完全依靠自己的力量成功发射卫星的国家。“东方红一号”卫星不仅完全满足了设计要求，而且重量比前四个国家发射的第一颗卫星重量的总和还要超出29.8千克。同时，对卫星的测量跟踪方法、信号传输方式、卫星在太空运行中的温度控制等技术方面，也都超出了前四个国家第一颗卫星的水平。

组装中的“东方红一号”卫星

最初期的人造地球卫星完全是以验证科学技术为目的，所以，卫星上的设备简陋，品种简单。而中国的第一颗人造卫星最初确定的“十二字”技术指标是：上得去、抓得住、听得清、看得见。这12个字听起来容易，但实现起来那可相当困难。

卫星“上得去”主要是火箭的事，卫星与火箭机械、电磁兼容协调就可以完成。

“抓得住”则必须保证卫星上的信号输出正常，地面跟踪测量系统如同抓着风筝线一样始终掌握着卫星的踪迹。

但想要实现“听得清”就难了。卫星上的《东方红》乐曲怎样产生？乐音以什么样的形式传送？卫星在太空飞快运转状态下如何能保证地面能够准确无误地将《东方红》乐曲从卫星上接收下来并传送播放到千家万户？中国科研团队大胆设想，反复试验，采用无线电短波天线的发送方式解决了这个难题。

“看得见”又该怎么办呢？卫星直径只有1米，距离我们439千米，宛若沧海一粟，要怎样才能观测到它呢？功夫不负有心人，科技人员将特制的表面镀了反光材料的气球折叠压缩后，与卫星一同发射上天，在空中充入特殊的气体。这个体积变大的球体与卫星接合在一起，实现了人们在地面用肉眼观察卫星。

6 太空中的人造卫星

弹指一挥间，距世界第一颗人造地球卫星上天已经过去了63年。在这60多年里，人类已经向太空发射了5000多颗不同种类的人造卫星。除了失效报废的卫星外，目前仍然在轨道运行的、为人类服务的卫星有1500多颗。目前，美国拥有近700颗人造卫星，位列第一。中国赶超俄罗斯，紧随其后，拥有300余颗人造卫星。而俄罗斯目前拥有200多颗卫星。2018年，全球共完成114次航天发射，中国发射了39次，美国发射了34次，中国的运载火箭发射数位居世界第一。

最重的人造卫星

世界上最重的人造卫星是美国发射的“天空试验室1号”。卫星长35米、直径7米、容积335立方米。整个卫星重76.5吨，要16辆载重5吨的大卡车才运得动。这个天空试验室在轨道上运行期间，完成了三批共9位宇航员在轨道工作。除了成功地完成了空间站的修理工作外，宇航员们在空间站里还进行了许多生物实验，研究了植物在太空中生长、细菌在太空环境下生长的情况，并且拍摄了有关太阳X射线、紫外线、可见光谱段等多达75000余张珍贵的照片。功率强、重量大、功能多、寿命长的大卫星是卫星发展的一个方向。

最轻的人造卫星

世界上最轻的人造卫星是“卡拉姆星”。这颗卫星的体积只有4立方厘米，和手机充电器一样大。这颗卫星是由18岁的印度学生和他的团队设计制作的。这颗卫星虽小，但也算五脏俱全。卫星上装有1个微型计算机、8个内置传感器，可以实时测量卫星线速度、角速度，并向地面传输卫星的工作状况，而且这颗卫星还能在太空测试3D打印碳纤维的性能。随着电子技术的不断创新，重量轻、功能专一、使用灵活的微纳、皮纳[①]小卫星也在迅猛发展。

世界上最小的卫星“卡拉姆星”

---

① 微纳卫星（NanoSat）通常指质量小于十千克、具有实际使用功能的卫星。皮纳卫星是指质量为千克级、以微机电系统(MEMS)技术为基础的小卫星。

7 中小学生的人造卫星——“少年星一号”

学生在教室里就能“操纵”天上的卫星不再是天方夜谭。

我国首颗教育共享卫星“少年星一号”搭载“张衡一号”卫星发射现场

2018年2月2日，“少年星一号”卫星随“张衡一号”卫星，一同乘坐“长征二号”丁运载火箭，在酒泉卫星发射中心发射升空。这是我国第一颗专门按照教育共享模式打造的卫星，完成在轨测试后，有能力面向全国中小学校开放使用。

“少年星一号”卫星是一颗等边长方体微小卫星。卫星长10厘米、宽10厘米、高34厘米，重量3千克。别看这颗卫星体积小、重量轻，但“麻雀虽小，五脏俱全”。卫星上不仅有保证能源供应的电源装置、可与地面保持联络的信息收发装置，而且配备了具有无线电存储和转发功能的特殊装置，可以在太空进行空间成像试验、物联网用户链路验证等工作。

为了对“少年星一号”实施控制和实现试验数据的接收，

“少年星一号”在中国宋庆龄青少年科技文化交流中心专门设置了测量控制主站，在海南文昌中学、东莞科技馆、郑州四中、安徽太和三中以及北京57中、北京永泰小学设置了多个测控分站，同学们在分布于不同地点的测控站都可以随时接收到卫星向地面传送的数据信息。

“少年星一号”微小卫星源于10多万中小学生的创意和梦想，是中国首颗教育共享卫星，将为中小学生提供测控真实卫星的体验。

“少年星一号”卫星在轨示意图

后记

完成《北斗星缘》书稿的这一刻，我没有如释重负的轻松感，因为孙家栋先生非常值得被抒写、歌颂，而我却总觉得还没有把孙家栋先生的亮点写生动，这也许有些遗憾，在此敬请读者予以理解。

与孙家栋初次见面，你能看到他慈眉善目，相貌朴实。当卫星发射成功时，他没有喜形于色；当工程遇到困难时，他能泰然处之，给人沉稳的感觉。

读者在文中可以看到，孙家栋70岁后不仅掌管的航天科技领域扩大、事务增多，而且国家发展战略方面的任务也愈来愈繁重。进入80岁后，他的主要工作转移，国家战略研究的会议上频繁地出现了他的身影。对于他的各种奖励、称号、赞扬更多地出现在媒体，可谓厚积薄发。他对主管的北斗卫星导航工程也更加事无巨细，每一次北斗导航卫星发射会他都会准时坐镇在卫星发射现场的指挥控制室，没有缺席过一次。步入90岁的孙家栋，仍然只争朝夕，与时间赛跑，谋划着多为航天做点事情。他为中国航天事业拼搏奋斗、无私奉献。

写孙家栋，我想写的不仅仅是他的航天成果，其实我更想写的还是他对青少年的人生启迪，想写他为祖国航天事业默默奉献的心路历程，想写他对航天的热爱，对事业的执着，对同志的真诚。在这本书的创作过程中，我又一次回顾了自己也曾亲历过的卫星、火箭发射、中国航天对外开拓等惊心动魄的航天活动，勾起了我许多美好回忆。

如果读者朋友能喜欢这本书，从中了解中国的航天事业，从孙家栋身上得到启发与鼓励，坚定地踏上漫漫人生路，我将感到非常欣慰。

作者　王建蒙

2019年5月18日于北京